MARQUIS DE VIARIS

LES

DÉPÊCHES SECRÈTES

ET LES

CONVENTIONS INTERNATIONALES

PARIS

IMPRIMÉ POUR L'AUTEUR

1893

PARIS

8, rue du Général Appert.

OUVRAGES DU MÊME AUTEUR

CRYPTOGRAPHIE, étude publiée dans le *Génie Civil* (mai-juin 1888).

L'ART DE CHIFFRER ET DE DÉCHIFFRER LES DÉPÊCHES SECRÈTES, chez Gauthier-Villars et Masson (1893).

Cet ouvrage fait partie de l'*Encyclopédie scientifique des Aide-Mémoire*, section de l'ingénieur, publiée sous la direction de M. Léauté, membre de l'Institut.

MARQUIS DE VIARIS

LES

DÉPÊCHES SECRÈTES

ET LES

CONVENTIONS INTERNATIONALES

PARIS

IMPRIMÉ POUR L'AUTEUR

1893

PRÉLIMINAIRES

PRÉLIMINAIRES

Les transmissions télégraphiques de toute nature, le règlement minutieux de tous les détails qui s'y rapportent, leur classification, leurs tarifs, etc., font l'objet de conventions internationales.

A certaines époques, les Gouvernements et les Compagnies spéciales envoient des délégués à des Conférences, véritables assises de la télégraphie, tenues successivement dans les principales capitales de l'Europe.

La première convention, résultant d'une Conférence de ce genre, a été établie le 29 décembre 1855, à **Paris**, entre la France, la Belgique, l'Espagne, la Sardaigne et la Suisse; elle fut ratifiée le 8 avril 1856.

Une deuxième Conférence se réunit en 1858 à **Bruxelles**; aux précédents États étaient venus se joindre les Pays-Bas. Ses décisions furent ratifiées à **Berne** en février 1859 et portent, dans les annales, le nom de « **Convention de Bruxelles et de Berne** ».

Dès lors, l'élan était donné, la nécessité s'imposait de réunir le plus grand nombre possible d'États sous une loi commune et en 1865, à **Paris**, s'ouvrait la première grande Conférence vraiment européenne.

Depuis celle-ci, des Conférences ont été tenues :

A **Vienne**, en 1868 ;

A **Rome**, en 1872 ;

A **Saint-Pétersbourg**, en 1875.

La convention résultant de cette Conférence est considérée comme définitive, mais il a été admis que le texte ferait l'objet d'un commentaire sous forme de règlement annexé, et que, lorsque la nécessité l'exigerait, les termes de ce règlement pourraient être modifiés. Un Bureau International, dont la constitution est confiée au Gouvernement Suisse, a été chargé de centraliser tous les renseignements, événements, difficultés de toute sorte et d'en faire part, entre deux conférences, aux États contractants. Ce bureau a encore la mission de recueillir les adhésions des États restés en dehors du mouvement.

Après Saint-Pétersbourg, les Conférences successives se sont réunies :

A **Londres**, en 1880 (le Japon était représenté) ;

A **Berlin**, en 1888;

Et enfin à **Paris**, en 1890.

A cette dernière Conférence, dont les décisions régissent actuellement les transmissions télégraphiques, figuraient des délégués de Gouvernements ne faisant pas partie de l'Union, tels que les États-Unis, la Bolivie, Costa-Rica, le Pérou, etc.

La prochaine Conférence aura lieu en 1893 et la capitale désignée pour sa réunion est **Budapest**.

Bien des décisions, absolument contradictoires, ont été prises successivement dans ces diverses Conférences, mais, parmi les matières traitées, les DÉPÊCHES SECRÈTES sont bien certainement celles qui ont engendré le plus de contradictions, suscité les plus grandes difficultés pour la classification ou la taxation, voire même pour les définitions.

Le but des pages qui vont suivre est de donner, dans la PREMIÈRE PARTIE, un aperçu historique de cette question des dépêches secrètes, en extrayant des procès-verbaux des conférences internationales tout ce qui concerne cette matière, et de faire ressortir les insuffisances, les défauts de la situation actuelle.

Pour faciliter nos études, nous traiterons d'abord des règlements relatifs aux télégrammes émanés des Gouvernements ou des Administrations télégraphiques elles-mêmes, télégrammes dits d'État ou de Service, nous nous occuperons ensuite des dépêches privées (1).

Dans la DEUXIÈME PARTIE, nous proposerons une méthode nouvelle dont l'adoption ferait disparaître les défauts signalés et permettrait, en conservant les tarifs actuels, de réaliser des économies de transmission pouvant atteindre 40 %: c'est-à-dire, que plus tard des réductions de tarifs seraient possibles, faisant participer le public à cette économie considérable. Nous indiquerons aussi des procédés pour ramener simplement à la méthode nouvelle tous les systèmes usités, et permettre ainsi l'unification des transmissions télégraphiques secrètes, sans changer brusquement les habitudes des Gouvernements et du public.

---

(1) A propos des dépêches d'État et de service, signalons une anomalie dont nous n'avons pu trouver nulle part l'explication. Dans les abréviations usitées pour le service, il est d'usage constant de constituer ces abréviations avec les premières lettres des mots qu'elles représentent. Ainsi : *réponse payée* sera traduit par *RP; exprès payé* par *XP; dépêche privée* par *PD,* et beaucoup d'autres analogues. Il serait donc naturel qu'une dépêche de *service* fût annoncée par *SD,* et une dépêche d'État par *ED* ou *ETD;* or, c'est précisément l'inverse qui a été adopté, la dépêche d'État se signale par *SD,* en signaux Morse ● ● ● ━ ● ● , et la dépêche de service par *AD,* ● ━ ━ ● ● Remarquons que si nous écrivions ce dernier signal Morse ainsi : ● ━ ━ ● ● , il signifierait *ETD,* et par conséquent ferait croire à « dépêche d'État ». Ne serait-il pas logique d'effectuer ce changement, de signaler la dépêche de service par *S,* ● ● ● , celle d'État par *ET,* ● ━ , la dépêche privée étant signalée simplement par *P,* ● ━ ━ ● ?

ALPHABET MORSE

L'alphabet Morse faisant partie essentielle du langage télégraphique, on trouvera ci-dessous les signes attribués aux vingt-six lettres de l'alphabet et quelques observations générales relatives à son emploi.

D'après les conventions adoptées :

La longueur d'une barre est égale à trois points, l'espace entre les signaux d'une même lettre est égal à un point, l'espace entre deux lettres est égal à trois points, l'espace entre deux mots est égal à cinq points, (avant 1872, cet espace n'était que de quatre points).

```
A     B     C     D     E     F     G     H     I     J
·—   —···  —·—·  —··   ·    ··—·  ——·  ····   ··   ·———

      K     L     M     N     O     P     Q     R
     —·—  ·—··   ——   —·   ———  ·——·  ——·—  ·—·

      S     T     U     V     W     X     Y     Z
     ···    —    ··—  ···—  ·——  —··—  —·——  ——··
```

Tous les chiffres de 0 à 9 sont uniformément représentés par *cinq* signaux, barres ou points.

Pour que toutes les lettres de l'alphabet soient représentées une fois, le tableau ci-dessus montre qu'il faut 82 signaux. Si donc on admet qu'elles aient toutes la même fréquence, ce qui peut être admis dans les dépêches en lettres secrètes, la moyenne des signaux nécessaires pour représenter une lettre est $\dfrac{82}{26} = 3{,}144$. Mais si les lettres font partie des mots d'une langue, il n'en est plus de même. Dans un ouvrage précédent (¹), nous avons donné un tableau indiquant le nombre de lettres de chaque espèce trouvées en analysant 80 223 lettres de la langue française; en faisant le calcul du nombre de signaux Morse exigé par chacune de ces lettres, on trouve un total de 195 668, soit en moyenne 2,44 signaux par lettre faisant

---

(1) L'Art de chiffrer et déchiffrer les dépêches secrètes. — *Encyclopédie scientifique des Aide-Mémoire*, édition Léauté (1893), page 86.

partie d'un mot français. Nous n'avons pas soumis au même travail les autres langues usitées, mais nous pouvons remarquer que si l'alphabet Morse, au lieu d'avoir été créé en vue de la langue anglaise, l'avait été pour le français, il n'aurait fallu que 181 816 signaux pour ces 80 223 lettres, soit en moyenne 2,266, et il est à supposer que ce nombre représente très sensiblement la moyenne d'une lettre d'un mot anglais.

Quoi qu'il en soit, admettons ce chiffre de 2,44 pour une dépêche écrite en français, ou pour une dépêche contenant des mots appartenant aux huit langues admises pour le langage convenu, dont il sera parlé plus loin, et établissons les moyennes de signaux nécessaires pour transmettre une dépêche comptant pour *dix mots*. Le tableau dont nous parlions tout à l'heure donne une moyenne générale de 4,5 lettres par mot français, soit 45 lettres et 45 × 2,44 = 109,8 signaux. Mais, dans les dépêches en clair, les correspondants ont une tendance à supprimer les mots très courts, tels que *à*, *le*, *de*, etc.; la moyenne de 4,5 est certainement trop faible dans le cas qui nous occupe, et l'on admettra *six* lettres au moins comme moyenne d'un mot faisant partie d'un télégramme.

Donc, d'après les nombres qui précèdent,

la dépêche française claire de dix mots contiendra 60 lettres — moyenne 2,44 — et exigera 146,40 signaux Morse;

la dépêche secrète de cinquante lettres — moyenne 3,154 — contiendra 50 × 3,154 = 157,70 signaux;

la dépêche chiffrée de cinquante chiffres — moyenne 5 — exigera 50 × 5 = 250 signaux.

Dans le langage convenu, les mots courts sont supprimés des vocabulaires; d'autre part, le maximum de longueur est de dix lettres. On peut admettre comme moyenne de longueur 9 ou au moins 8,5 lettres — moyenne 2,44 — ce qui donnerait pour dix mots 85 × 2,44 = 207,40 signaux.

En résumé, si l'on admet l'équivalence à dix mots, de 50 lettres ou de 50 chiffres pour les dépêches secrètes, il faut pour une dépêche de dix mots:

En clair	146,40 signaux.
En lettres	157,70 —
En chiffres.	250 » —
En langage convenu	207,40 —

Ces nombres montrent bien qu'une dépêche secrète quelconque exigera toujours plus de travail *matériel* pour la transmission, qu'une dépêche en clair du même nombre de mots. Il faudra encore tenir compte de l'incompréhensibilité de la dépêche, et de la difficulté causée par l'emploi de mots de langues étrangères.

PREMIÈRE PARTIE

PREMIÈRE PARTIE

LES TÉLÉGRAMMES SECRETS ET LES RÈGLEMENTS QUI LES RÉGISSENT

La convention de 1855 était très courte et déterminait, au point de vue qui nous occupe, les règlements suivants :

Les dépêches d'État peuvent être transmises en chiffres arabes ou en caractères alphabétiques faciles à reproduire. — Elles seront passibles des taxes ordinaires. — Les dépêches doivent être écrites en caractères romains dans les pays où ces caractères sont employés.

Les dépêches des particuliers ne pourront pas être écrites en chiffres ; elles seront rédigées en anglais, français, italien, espagnol ou allemand (sous réserve des caractères romains ; de plus, et provisoirement, l'Espagne n'acceptait pas la langue allemande).

TARIFS. — Tout nombre, jusqu'au maximum de cinq chiffres inclusivement, sera compté pour un mot ; les nombres de plus de cinq chiffres seront comptés pour autant de mots qu'ils contiennent de fois cinq chiffres, plus un mot pour l'excédant ; les virgules, barres de division, etc., seront comptées pour un chiffre. — Pour les dépêches d'État chiffrées, on additionnera tous les chiffres ou lettres composant le texte chiffré, et le quotient de la division du nombre total par cinq donnera le nombre de mots à taxer ; les points ou signes destinés simplement à séparer les groupes seront transmis, mais n'entreront pas en compte.

Telle est la base de toutes les conventions futures, le thème sur lequel les Conférences ont exécuté les variations les plus étendues, sans que le résultat atteint aujourd'hui soit encore satisfaisant.

Toutefois, il ressort de la lecture de ce premier règlement que nous aurons à traiter deux questions bien distinctes en deux chapitres de longueur très inégale :

CHAPITRE PREMIER : Les dépêches d'État ou de service, dont les règlements ont peu varié ;

CHAPITRE II : Les dépêches des particuliers, subissant un sort différent à chaque Conférence.

Quant aux **tarifs,** ils ont subi peu de modifications ; c'est tantôt le diviseur *cinq* qui a été adopté, comme nous venons de le voir pour les groupes de lettres ou de chiffres, tantôt le diviseur *trois,* et encore seulement pour les relations extra-européennes. De plus, la *recommandation* a été quelque temps obligatoire, puis facultative pour les télégrammes secrets. Il en a été de même pour le *collationnement.* Rappelons qu'au début la longueur des mots du langage clair était fixée à *sept syllabes* au maximum, l'excédant comptant lui-même pour un mot. Il en résultait de grandes inégalités suivant la langue employée : le nombre 234, écrit en toutes lettres, était compté suivant l'orthographe usuelle de la langue, pour *un, deux, quatre* ou *cinq* mots.

Allemand : zweihundertvierunddreizig.	⎱ sept syllabes
Italien : ducentotrentaquattro.	⎰ 1 mot
Hollandais : tweehonderd vierenderlig	2 mots
Français : deux cent trente-quatre	4 mots
Anglais : two hundred and thirty four	5 mots.

C'est à la Conférence de Saint-Pétersbourg (1875) seulement, que la longueur des mots a été déterminée à *quinze lettres* pour le régime européen, et à *dix lettres* pour le régime extra-européen. Ajoutons que cette différence de traitement, justifiée peut-être autrefois par la capacité plus faible de transmission des câbles, ne semble plus avoir de sérieuses raisons de subsister, et que la tendance des Conférences paraît être de réaliser l'uniformité des règlements, ou du moins de tenir uniquement compte des difficultés matérielles que rencontrent les employés dans la transmission des télégrammes.

CHAPITRE PREMIER

Dépêches d'État ou de service.

Nous venons de donner le texte de 1855, réglementant les dépêches d'État; en 1858, légère modification du texte :

Les dépêches d'État pourront être écrites en chiffres arabes ou en caractères alphabétiques *en usage*.

et addition d'un paragraphe concernant les dépêches de service :

Les dépêches de service échangées entre les Chefs des Administrations pourront être écrites en chiffres.

En 1865, le traitement est le même pour les dépêches d'État et pour les dépêches de service, **quand celles-ci émanent des Chefs des Administrations télégraphiques;** elles peuvent être composées **en chiffres ou en lettres secrètes, soit en totalité soit en partie.**

En 1868, la formule de la convention diffère quelque peu, mais un règlement annexé donne le même résultat final.

Texte de 1872 : **Les dépêches d'État ou de service peuvent être émises en langage secret dans toutes les relations.**

Ici, les mots langage secret ne comprennent plus seulement le langage en **chiffres ou en lettres secrètes,** mais encore le langage convenu, c'est-à-dire composé de mots ayant un sens intrinsèque, mais dont l'assemblage n'offre pas de sens compréhensible pour les offices en correspondance. Ceci est une des définitions adoptées plus tard pour le langage convenu.

En 1875, répétition sans changement du texte de 1872.

La Conférence de 1880 adopte encore le même texte, mais dans la discussion préalable une remarque importante est à faire. Pour la première fois, on tend à restreindre le droit des gouvernements d'envoyer des dépêches secrètes d'une forme absolument quelconque. Un délégué propose que les **États eux-mêmes** (les particuliers étant depuis longtemps soumis à cette loi) **ne puissent se servir simultanément de groupes de lettres et de chiffres**

mélangés. Malgré les excellentes raisons tirées de la difficulté de transmission, surtout par les appareils Hughes, de ces sortes de dépêches, l'amendement est rejeté. Il semble toutefois que, dans la pratique, les États consentent à se conformer à cette restriction de leurs droits.

La convention de 1886 ne présente encore aucune variation dans le texte, mais la discussion qui a précédé est intéressante. Le représentant de l'Autriche-Hongrie fait observer que le collationnement d'office des télégrammes d'État rédigés en langage secret cause, en somme, à ces correspondances un retard regrettable malgré la priorité de transmission qui leur est accordée. Ce retard devient d'autant plus considérable pour les télégrammes à long parcours qui transitent par plusieurs bureaux. L'abolition du collationnement d'office présenterait certainement un grand avantage, par suite de l'accélération des transmissions de tous les télégrammes sans exception, et compenserait ainsi les rares inconvénients qui pourraient résulter de quelque altération dans le texte des télégrammes d'État.

Le délégué de la Belgique répond que les télégrammes d'État (en chiffres ou en lettres) doivent être répétés intégralement et d'office par le bureau qui les a reçus, ainsi que cela se pratique pour les télégrammes collationnés. En résumé, une atténuation au régime en vigueur est votée, en ce sens que le collationnement peut n'être que partiel.

Mais, en 1890, la discussion devient beaucoup plus serrée, et si le texte de la convention de Saint-Pétersbourg n'est pas modifié, du moins le règlement annexé l'est-il. Les modifications adoptées après de longues délibérations dans les sous-commissions portent sur les articles 6 et 16 du Règlement, qui deviennent ainsi libellés :

Art. 6, § 3. — Tous les offices acceptent dans toutes leurs relations les télégrammes d'État et de service rédigés en lettres ayant une signification secrète.

Ce paragraphe est ajouté spécialement pour faire contraste avec celui qui le précède relatif aux dépêches privées; celles-ci, ainsi que nous le verrons plus tard, ne peuvent plus être rédigées en lettres secrètes.

Art. 16, § 4. — Le texte des télégrammes d'État en langage chiffré peut être formé de chiffres ou de lettres ayant une signification secrète, mais le mélange des chiffres et des lettres n'est pas admis.

Ce paragraphe est adopté sur la proposition de l'Allemagne; son délégué rappelle que l'on a toujours admis en fait que les télégrammes d'État devaient être libellés exclusivement soit en chiffres soit en lettres; il est donc naturel d'inscrire ce fait au règlement. Le délégué de la Cochinchine estime que les Administrations n'ont pas le droit de refuser un télégramme d'État, quelle que soit la manière dont il est rédigé. Malgré cette opposition, le paragraphe est voté, et avec lui une restriction formelle à la liberté illimitée des Gouvernements.

Nous aurons occasion, plus loin, de nous appuyer sur ce précédent pour réclamer l'uniformité absolue des règlements.

CHAPITRE II

Dépêches privées.

Les Gouvernements s'étant, dès le début des Conférences, attribué la plus grande liberté possible, nous avons eu par la suite, bien peu de modifications à signaler, mais il n'en est pas de même pour les dépêches secrètes privées.

En 1855, ainsi que nous l'avons dit, les particuliers ne peuvent, en aucun cas, user de chiffres ou de lettres secrètes. Nous verrons les États sous la pression de l'opinion publique et des nécessités commerciales, leur accorder parcimonieusement des libertés successives, essayant toujours de retirer d'une main ce qu'ils ont donné de l'autre.

Voici les articles de la Conférence de Bruxelles en 1858.

Art. 8. — La minute de la dépêche devra être rédigée avec clarté et dans un langage intelligible, Elle ne pourra renfermer ni combinaisons de mots, ni constructions inusitées, ni abréviations.

Art. 11. — Dans les dépêches privées. l'emploi d'un chiffre sera interdit, mais il sera permis de transmettre, en chiffres seulement, les cours de la Bourse, des sucres, etc., sauf les restrictions que chaque Gouvernement jugera nécessaires pour prévenir les abus.

CONVENTION DE PARIS, 1865. — Les tendances générales deviennent un peu moins prohibitives; on s'est aperçu qu'il était extrêmement difficile de faire la différence entre les dépêches commerciales en chiffres autorisées et les dépêches secrètes chiffrées, constituant ce que le précédent règlement qualifiait d'abus. De plus, le secret de la correspondance postale étant unanimement admis, pourquoi ne pas autoriser le secret de la correspondance télégraphique.

Dans les discussions préliminaires, M. Drouin de Lhuys propose de donner au public la faculté d'écrire en chiffres et M. de Vougy considère cette mesure comme utile et nullement dangereuse.

Dans une première séance la rédaction proposée était : Les

dépêches privées peuvent aussi être composées en chiffres secrets, mais elles ne peuvent contenir dans leur texte ni groupes de lettres, ni mots en langage ordinaire.

Sur l'initiative de la Belgique, cette rédaction fut modifiée dans un sens plus libéral et devint :

Les dépêches privées peuvent aussi être composées en chiffres ou en lettres secrètes, lorsqu'elles sont échangées entre deux États qui admettent ce mode de correspondance et dans les conditions déterminées par le règlement de service... Cette correspondance secrète pouvait être suspendue par les États dans certaines circonstances, mais seulement pour les dépêches à destination de ces États, et non pour les dépêches de transit qui devaient toujours circuler librement.

Un règlement de service très minutieux complétait ces dispositions et spécifiait en particulier les points suivants :

Dans les dépêches privées qui sont composées en lettres ou en chiffres secrets, l'adresse et la signature doivent être écrites en langage ordinaire. Le texte peut être soit entièrement chiffré, soit en partie chiffré et en partie clair; dans ce dernier cas, la partie chiffrée doit être continue, sans langage ordinaire intercalé, et placée entre deux parenthèses la séparant du texte ordinaire qui précède et qui suit. La dépêche ne peut d'ailleurs contenir qu'un passage chiffré. Le texte chiffré doit être composé exclusivement de lettres de l'alphabet ou exclusivement de chiffres arabes; si ce texte est divisé en groupes, ceux-ci doivent être séparés par des points, des virgules ou des traits.

On voit combien de restrictions apportées à la concession primitive, les unes étaient motivées par l'intérêt du service, mais les autres, de beaucoup plus nombreuses, par le désir instinctif de restreindre la facilité nouvelle qu'on accordait au public, la peur qu'il n'usât trop promptement de cette faveur.

Que le texte chiffré fût exclusivement composé de lettres de l'alphabet, ou exclusivement de chiffres arabes, c'était bien dans l'intérêt de l'exactitude et de la rapidité des transmissions. Un employé peut transmettre régulièrement des groupes de cinq lettres tels que mpbrz qu'il scande mentalement mpb, rz, ou des groupes de cinq chiffres qu'il peut scander de même en deux groupes moindres. D'ailleurs si les chiffres sont plus longs à transmettre que les lettres, ils sont plus faciles en télégraphie Morse, à cause de la cadence régulière des cinq caractères Morse par chiffre (voyez alphabet Morse, p. 11). Mais le même employé transmettra moins régulièrement des groupes comprenant chiffres et lettres mélangés m3172, 4xzr2, pour la prononciation mentale desquels la cadence régulière ne pourra exister. De plus, nous avons déjà dit que l'appareil Hughes exigeait une manipulation spéciale pour passer des chiffres aux lettres et réciproquement. Dans le chapitre précédent, nous avons vu qu'à partir de la Conférence de 1890 seulement, les Gouvernements ont dû se soumettre officiellement à cette règle de ne pas mélanger chiffres et lettres, mais dans la pratique elle était déjà appliquée.

Cette restriction avait donc une raison d'être, mais les autres : que la dépêche ne contînt qu'un passage chiffré ; que celui-ci fût séparé par des parenthèses du texte clair ; que les groupes fussent séparés par des signes apparents, points ou virgules, etc., constituaient des atteintes absolument injustifiables à la simplicité du mécanisme et à liberté du public ; aussi verrons-nous ces barrières disparaître les unes après les autres dans les Conférences suivantes.

VIENNE, 1868. — A Vienne déjà, c'est-à-dire trois ans après, la France demande qu'une dépêche puisse contenir plusieurs passages chiffrés ; l'Italie, que l'on supprime les parenthèses obligatoires dont nous venons de parler. La Russie demande le maintien de ces fameuses parenthèses, et la Conférence lui donne encore raison.

Deux points essentiels dominent dans cette Conférence : tout d'abord la création à Berne d'un Bureau international, chargé de centraliser tous les renseignements utiles pour les États contractants et de recevoir l'adhésion éventuelle des autres États, puis l'admission d'un nouveau langage secret composé, non plus de groupes de chiffres ou de lettres, mais d'une suite de mots de différentes langues formant un sens inintelligible. Notons, en passant, que le Portugal admet comme possible la création d'une langue universelle pour les communications télégraphiques.

Dans les séances des sous-commissions, la France demande que toute dépêche composée en langage ordinaire, mais inintelligible, soit considérée et traitée comme dépêche secrète. Le colonel Goldsmid prend la défense des dépêches des Indes, qui composées de cette façon, verraient leur taxation augmentée, à titre de dépêches secrètes.

En somme ce mode de correspondance n'ayant fait son apparition officielle que récemment, la discussion à son sujet est confuse ; quelques États désirent faciliter au public un système de correspondance pratique et avantageux pour les relations commerciales ; d'autres Gouvernements au contraire, voudraient s'y opposer, mais il apparaît toutefois qu'ils sont gênés par le reproche qu'on peut leur adresser d'entraver ces mêmes relations commerciales. De là naissance dans les sous-commissions d'amendements bizarres, impraticables. Parmi les opposants, on remarque M. Vinchent parlant au nom de la Belgique ; parmi les partisans est M. Goldsmid, déjà nommé, délégué Indo-Européen.

Enfin la convention suivante est adoptée :

Art. 9.... Les dépêches privées peuvent être composées en chiffres ou en lettres secrètes lorsqu'elles sont échangées entre deux États contractants qui admettent ce mode de correspondance. (Il reste toujours convenu que, suivant les circonstances, les États peuvent suspendre la réception ou le départ des dépêches secrètes privées, mais non leur transit).

Les dépêches qui ne sont pas admises comme dépêches ordinaires aux termes du 1er paragraphe du présent article sont considérées comme secrètes. (Ce 1er paragraphe disait : toute dépêche peut être rédigée en l'une quelconque des langues usitées sur les territoires des États contractants et en langue latine.)

A propos de cette rédaction, nous ferons remarquer qu'il est formellement dit qu'une dépêche en texte clair devait être rédigée en l'une des langues, et non pas en « *l'une ou plusieurs des langues* », pourvu que le sens général restât intelligible ; par exemple, la dépêche parfaitement compréhensible, quoique bilingue « *beware filous* » devrait strictement être traitée comme dépêche secrète. Serait-elle ainsi taxée ? je l'ignore, mais il est certain que la rédaction dont je parle aurait de multiples inconvénients, à cause du grand nombre de langues admises à la transmission télégraphique et de l'ignorance forcée des employés qui ne connaissent guère que leur langue natale.

Le règlement annexé à la convention ajoutait :

Dans les dépêches privées qui sont composées en chiffres ou en lettres secrètes, l'adresse et la signature doivent être écrites en langue ordinaire.

Nous avouons ne pas comprendre le but pratique de ce paragraphe car si l'adresse était écrite en chiffres, comment les employés pourraient-ils faire parvenir la dépêche au destinataire? D'autre part, la signature n'est pas exigée dans le régime international.

Le texte peut être, soit entièrement chiffré, soit en partie chiffré et en partie clair. Dans ce dernier cas les passages chiffrés doivent être placés entre deux parenthèses les séparant du texte ordinaire qui précède ou qui suit.

Le texte chiffré doit être composé exclusivement de lettres de l'alphabet ou exclusivement de chiffres arabes.

L'office d'origine est juge de l'application du dernier

paragraphe de l'article 9 de la convention, notamment en ce qui concerne la tolérance accordée aux correspondants qui traitent d'affaires de Bourse et de commerce.

C'était là précisément la question de savoir si une dépêche inintelligible devait être considérée comme secrète ou non, c'était une question de tarif, car à cette époque la recommandation était obligatoire pour les dépêches composées en chiffres ou en lettres secrètes, ou considérées comme dépêches secrètes. Rendre juge de cas aussi difficiles à interpréter le bureau d'origine, et ne lui donner comme appui qu'une rédaction aussi obscure, devait susciter dans la pratique des discussions sans issue possible, ouvrir la porte à tous les abus, soit du public, soit des offices eux-mêmes, aussi cette rédaction fut-elle promptement modifiée dans la Conférence suivante.

ROME, 1872. — Les discussions des sous-commissions et les importantes résolutions adoptées dans cette Conférence portent surtout sur les dépêches inintelligibles quoique composées de mots recueillis dans un ou plusieurs dictionnaires. C'est une correspondance conventionnelle que l'on commence à dénommer régulièrement « langage convenu », qui prend un développement considérable surtout dans les relations extra-européennes.

L'Administration des Indes réclame l'établissement d'une distinction précise entre les dépêches chiffrées composées de chiffres ou de lettres, et les dépêches en langage conventionnel, consistant en mots pris dans des dictionnaires et sans signification apparente dans leur suite. La Compagnie Indo-Européenne fait ressortir que les dépêches échangées entre l'Europe et les Indes sont presque toutes composées de mots appartenant aux langues reconnues, mais rédigées de façon à ne pas offrir un sens compréhensible. Ces dépêches se rattachent ordinairement à des transactions qui entraînent une grande responsabilité et des profits ou des pertes considérables. Elles donnent ou demandent des informations souvent d'une valeur et d'une gravité extrêmes. Les négociants ont besoin de se protéger contre les indiscrétions aussi bien dans leurs propres bureaux que dans les bureaux télégraphiques. Toute disposition qui aurait pour but de rendre les dépêches compréhensibles diminuerait beaucoup leur nombre en privant les négociants de la sûreté que le système actuel leur présente. D'après les informations recueillies par le bureau de la Compagnie Indo-Européenne à Londres, les négociants n'attachent pas la même importance à la faculté d'introduire dans les dépêches des lettres ou des chiffres secrets.

Le délégué des Pays-Bas soutient une thèse contraire ; suivant lui, toute distinction à établir entre les dépêches inintelligibles et les dépêches secrètes est devenue illusoire depuis qu'on a été forcé d'admettre tous les jours des correspondances rédigées dans un langage conventionnel dont le sens échappe aux employés chargés de la transmission. Comment les bureaux sauront-ils que la dépêche est compréhensible, si elle est rédigée dans un langage que les employés ne connaissent pas?

(Ouvrons ici une parenthèse et attirons l'attention du lecteur sur cette dernière remarque, qui a été la base d'une importante proposition faite en 1890 par la France; repoussée alors par la Conférence internationale, il y aurait lieu de reprendre cette proposition, en la rendant acceptable par un amendement que nous indiquerons en temps et lieu. Voir page 35.)

Le délégué de la Belgique, M. Curchod, répond aux autres observations de la Compagnie Indo-Européenne que les dépêches en langage conventionnel ne sont point, à proprement parler, des dépêches dont l'expéditeur cherche à dissimuler le sens, mais bien des dép*ches commerciales auxquelles le public donne cette forme, pour en restreindre le nombre de mots, par économie.

Dans les correspondances avec l'Amérique, les Compagnies ont été amenées à distinguer trois sortes de dépêches : en **langage ordinaire**, dont le traitement est connu (à ce moment, la longueur d'un mot télégraphique était limité à « *sept* » syllabes); en **langage conventionnel**, taxé comme les précédentes, mais pour lesquelles les Compagnies ne répondent pas des erreurs de transmission; enfin, les dépêches **en chiffres** soumises à une double taxe; en effet, M. Despécher, représentant les Compagnies de câbles, demandait, pour les dépêches en chiffres, une surtaxe de collationnement et réclamait, au contraire, l'abolition de toute surtaxe pour les dépêches en langage convenu.

La Belgique, en somme défavorable à la liberté absolue des dépêches secrètes, proposait encore que tout mot appartenant à une des langues non admises fût compté comme groupe de lettres secrètes et taxé comme tel. Son représentant arguait que ces mots échappant à tout contrôle pratique, il était impossible d'en compter même les syllabes; dès lors, il convenait de les compter comme groupes de lettres secrètes, *ce qui donnait*, ajoutait-il ironiquement, *aux correspondants la faculté d'inventer même une langue qui leur fût propre.* Quant à la proposition des Compagnies de câbles, M. Vinchent répétait que son adoption tendrait à favoriser l'expédition des dépêches commerciales, (c'est-à-dire les clients des Compagnies), tout en frappant d'une surtaxe les correspondances diplomatiques, (presque exclusivement en lettres ou chiffres), c'est-à-dire les secrets des Gouvernements.

Dans cette discussion, on suit bien deux théories contraires; on les verra encore reparaître dans toutes les discussions ultérieures. Certains délégués pensent qu'on doit favoriser les relations commerciales et, qu'après tout, transmettre un mot ou un autre de même longueur ne donnera pas plus de peine aux employés ; par conséquent il faut taxer de même tous ces mots et fixer les tarifs des dépêches proportionnellement au travail réel qu'exige leur transmission.

Les délégués de l'opinion adverse s'écrient : « Comment ! un seul mot conventionnel traduirait toute une phrase ! une phrase qui traite d'intérêts considérables ! mais il y a là une économie énorme réalisée par des commerçants, il est juste que les Administrations télégraphiques en aient leur part ; augmentons le tarif de ces dépêches, et, au lieu de prendre pour base de la taxe *le travail de l'employé*, prenons *le bénéfice du public* ».

Cette dernière théorie nous paraît erronée ; nous avons la persuasion qu'il en sera de la correspondance télégraphique comme de la correspondance postale ; plus le prix du timbre-poste a baissé, plus les correspondances, et ensuite les recettes, ont augmenté ; plus les taxes télégraphiques seront réduites, plus le télégraphe aura de clients, et plus les recettes générales seront fortes, après la période d'équilibre nécessaire.

Mais pour pouvoir réduire les tarifs, il faut réduire le travail de l'employé. Les progrès réalisés dans les manipulations mécaniques, les perfectionnements des appareils transmetteurs et récepteurs ont déjà largement contribué à cette tâche, ne peut-on chercher encore dans une autre voie ?

Voici le texte finalement adopté en 1872 :

Art. 9. — Les dépêches en langage clair doivent offrir un sens compréhensible en l'une quelconque des langues usitées sur les territoires des États contractants ou en langue latine...

Sont considérées comme dépêches en langage secret : 1° Celles qui contiennent un texte chiffré ou en lettres secrètes ; 2° Celles qui renferment des séries ou groupes de chiffres ou de lettres dont la signification commerciale ne serait pas connue du bureau d'origine ; 3° Les dépêches contenant des passages en langage convenu, incompréhensibles pour les offices en correspondance, ou des mots ne faisant point partie des langues mentionnées au premier paragraphe de cet article.

Faisons ici une observation qui serait à répéter à chaque Conférence ; cette formule : « incompréhensible pour les offices en correspondance » est à chaque instant employée dans les textes des règlements. Les offices en correspondance sont évidemment le bureau d'origine, celui de destination et à la rigueur les bureaux de transit. Dans ces conditions, la formule est erronée ; supposons, en effet, à Paris et à Londres, deux Persans voulant correspondre dans leur langue natale. Les offices en correspondance, ne comprenant certainement pas le persan, traiteront la dépêche d'inintelligible et lui appliqueront la taxe des dépêches secrètes, tandis qu'elle devrait être taxée au tarif des dépêches en clair, la Perse étant un des États adhérents et sa langue devant bénéficier du traitement spécifié au premier paragraphe de l'article 9.

Art. 10. — Les dépêches privées peuvent être échangées en langage secret entre deux États qui admettent ce mode de correspondance. Les États qui n'admettent pas les dépêches privées en langage secret au départ et à l'arrivée, doivent les laisser circuler en transit, sauf le cas de suspension défini à l'article 21.

Art. 21. — Suivant les circonstances, chaque Gouvernement se réserve la faculté de suspendre le service de la Télégraphie Internationale pour un temps indéterminé, soit d'une manière générale, soit pour certaines natures de correspondances, à charge d'en aviser immédiatement les Gouvernements contractants.

Règlement annexé :

1° Dans les dépêches qui sont composées en lettres ou en chiffres secrets, l'adresse et la signature doivent être écrites en langage ordinaire;

2° Le texte des dépêches privées peut être soit entièrement chiffré, soit en partie chiffré et en partie clair : dans ce dernier cas, les passages chiffrés doivent être placés entre deux parenthèses les séparant du texte ordinaire qui précède ou qui suit. Le texte chiffré doit être composé exclusivement de lettres de l'alphabet ou exclusivement de chiffres arabes.

CONFÉRENCE DE SAINT-PÉTERSBOURG, 1875. — La convention adoptée par cette Conférence est une des plus importantes, car depuis on s'est attaché à ne rien changer aux termes de la convention proprement dite; on se réserve de faire les modifications jugées nécessaires au moyen de changements dans les termes du règlement annexé.

Les Compagnies de câbles continuent à donner leurs préférences au langage convenu et obtiennent même l'autorisation de refuser les dépêches privées en lettres secrètes comme trop pénibles à transmettre pour le prix auquel elles sont taxées. C'est aussi dans cette conférence qu'on voit s'établir une distinction bien tranchée entre le trafic européen et le trafic extra-européen, distinction regrettable, car il serait à souhaiter qu'il existât une règle unique pour toutes les correspondances télégraphiques internationales.

Voici l'article 6 qui désormais ne changera plus :

Les télégrammes privés peuvent être échangés en langage secret entre deux États qui admettent ce mode de correspondance. Les États qui n'admettent pas les télégrammes privés en langage secret au départ et à l'arrivée doivent les laisser circuler en transit, sauf le cas de suspension défini par l'article 8 (suspension momentanée pour cause de sécurité de l'État).

Pour cette année 1875, voici les commentaires de cet article 6 inscrits dans le règlement annexé :

[§ 1. — Les télégrammes en langage clair doivent offrir un sens compréhensible en l'une quelconque des langues usitées sur les territoires des États contractants ou en langue latine.

§ 2. — Chaque Administration désigne parmi les langues usitées sur les territoires de l'État auquel elle appartient, celles qu'elle considère comme propres à la correspondance télégraphique internationale.]

Sont considérés comme télégrammes en langage secret :

a. — Ceux qui contiennent un texte chiffré ou en lettres secrètes;

b. — Ceux qui renferment des séries ou groupes de chiffres ou de lettres, dont la signification ne serait pas connue du bureau d'origine;

c. — Les télégrammes contenant des passages en langage convenu, incompréhensibles pour les offices en correspondance, ou des mots ne faisant pas partie des langues mentionnées au paragraphe précédent.

Le texte des télégrammes privés secrets peut être soit entièrement secret, soit en partie secret et en partie clair. Dans ce dernier cas, les passages secrets doivent être placés entre deux parenthèses les séparant du texte ordinaire qui précède ou qui suit. Le texte chiffré doit être composé exclusivement de lettres de l'alphabet ou exclusivement de chiffres arabes. Les offices extra-européens sont autorisés à ne pas admettre sur leurs lignes les télégrammes privés contenant des lettres secrètes.

On remarquera que ce paragraphe ne diffère du paragraphe analogue de 1872 que par la substitution du mot « secret » au mot « chiffré »; ce mot « secret » impliquant le langage convenu.

LONDRES. 1880. — Dès le début de la Conférence, la Grande-Bretagne fait observer que la question des règles établies pour le langage secret cause plus de difficultés que toute autre disposition du règlement au département des Postes Britanniques. Il n'y a pas, pour ainsi dire, deux Administrations qui semblent avoir la même conception de ce qui constitue un langage secret. En même temps, une pétition adressée par la Chambre de Commerce de Glasgow dit, en parlant de la correspondance extra-européenne : à la Conférence de Saint-Pétersbourg, les changements apportés à la convention et aux règlements établis à Rome ont tous été opérés dans un sens restrictif, sans être accompagnés d'un abaissement de tarifs correspondant.

D'autre part, la Russie est opposée aux télégrammes en langage convenu. Elle admet ce langage pour le régime extra-européen, mais fait toutes objections à son admission dans le régime européen ; elle le proscrit dans son régime intérieur.

Un vœu général, mais qui ne sera pas encore inscrit dans les règlements, est que les États eux-mêmes ne puissent se servir simultanément de groupes de chiffres et de groupes de lettres, comme le font plusieurs chancelleries. Si le vœu était adopté, la conséquence serait la suppression du mot « **privés** » dans l'article compétent ; l'absence de ce mot étendrait la mesure aux États.

Pour déterminer les mots du langage convenu, il est question, dans les discussions préliminaires, de l'établissement d'un vocabulaire universel à cent mille mots dont l'usage serait obligatoire.

Le Gouvernement Suisse est chargé de constituer un Bureau international ayant pour tâche de centraliser tous documents relatifs à la correspondance télégraphique internationale, de les communiquer aux États contractants et de recueillir l'adhésion ultérieure des autres États.

Le règlement annexé devient :

Art. 6. — Les télégrammes peuvent être rédigés en langage clair, en langage convenu ou en langage chiffré.

Art. 7. — Les télégrammes en langage clair doivent offrir un sens compréhensible en l'une quelconque des langues usitées sur les territoires des États contractants, ou en langue latine. — Chaque Administration désigne parmi les langues usitées sur le territoire de l'État auquel elle appartient, celles qu'elle considère comme propres à la correspondance télégraphique internationale en langage clair.

C'est par ces trois derniers mots seulement que cet article 7 diffère de l'article correspondant de 1875.

Art. 8. — § 1. On entend par langage convenu l'emploi de mots qui, tout en présentant chacun un sens intrinsèque, ne forment point des phrases compréhensibles pour les offices en correspondance. (Se reporter pour cette expression à notre observation précédente, page 28.)

§ 2. Ces mots sont extraits de vocabulaires admis pour la correspondance internationale en langage convenu mais dont la composition varie selon qu'il s'agit du régime européen ou extra-européen.

§ 3. Dans le régime européen, les télégrammes en langage convenu ne doivent contenir que des mots appartenant à l'une des langues mentionnées au § 2 de l'article 7. Tout télégramme ne doit contenir que des mots puisés dans une même langue.

§ 4. Dans le régime extra-européen, les télégrammes en langage convenu ne peuvent contenir que des mots appartenant aux langues allemande, anglaise, espagnole, française, italienne, néerlandaise, portugaise et latine. Tout télégramme peut contenir des mots puisés dans toutes les langues sus-mentionnées.

§ 5. Les noms propres ne peuvent pas entrer dans la composition des vocabulaires. Ils ne sont admis dans la rédaction des télégrammes en langage convenu qu'avec leur signification en langage clair.

§ 6. Le bureau d'origine peut demander la production du vocabulaire afin de constater l'exécution des dispositions qui précèdent.

Art. 9. — § 1. Sont considérés comme télégrammes en langage chiffré :

a. — Ceux qui contiennent un texte chiffré ou des lettres secrètes;

b. — Ceux qui renferment soit des séries ou des groupes de chiffres ou de lettres, dont la signification ne serait pas connue du bureau d'origine, soit des mots, des noms ou des assemblages de lettres ne remplissant pas les conditions exigées pour le langage clair (art. 7) ou convenu (art. 8).

§ 2. Le texte des télégrammes chiffrés (réapparition du mot « chiffrés » remplaçant le mot « secrets ») peut être soit entièrement secret, soit en partie secret et en partie clair... (la fin du § 2 et le § 3 sans changements, voir p. 28).

— 31 —

BERLIN, 1885. — Dans cette Conférence, il est question des vocabulaires employés par les particuliers pour leurs télégrammes en langage convenu, et l'Administration Britannique déclare ne pas se reconnaître le droit d'examiner et d'approuver les dictionnaires utilisés. La Suisse demande alors la création d'un vocabulaire officiel dont il a été question à la précédente Conférence. A ce propos, les Indes Britanniques s'opposent à tout changement, prétendant que l'établissement de ce vocabulaire officiel est impossible, et que quand même il serait possible, son emploi ne donnerait pas de bons effets. Les Compagnies de câbles approuveront un Code international, mais à condition qu'il contienne deux cent mille mots et que les mots diffèrent entre eux au moins par deux lettres.

Le délégué d'Anvers proteste contre le vocabulaire, et la France pense que la question n'est pas encore suffisamment étudiée. Un délégué, M. Suenson, fait une observation très juste : la partie essentielle de chaque Code particulier consiste à indiquer les phrases usuelles que le langage convenu doit représenter; cette partie ne subira aucune modification, l'obligation d'un vocabulaire officiel pourra tout au plus entraîner le changement de quelques mots destinés à représenter des phrases convenues.

La discussion continue assez confuse pour que M. Fribourg, délégué de la France, puisse dire qu'il croit que beaucoup de délégués ne se rendent pas exactement compte de ce que c'est qu'un Code.

Le fait important de cette Conférence est la réduction à dix caractères des mots du langage convenu, c'est-à-dire l'abolition de toute différence pour ce langage entre les régimes européen et extra-européen.

Art. 6. § 1. — ... (Sans modification, voir page 29).

§ 2. Le texte des télégrammes en langage convenu ou chiffré peut contenir une ou plusieurs parties en langage clair. Dans ce cas, les passages en langage convenu ou chiffré doivent être placés entre deux parenthèses, les séparant du texte clair qui précède ou qui suit.

Art. 7. — Sans changement, p. 29.

Art. 8. § 1. — Sans changement, p. 30.

§ 2. Ces mots sont extraits de vocabulaires admis pour la correspondance internationale en langage convenu (suppression de la différence entre les régimes).

§ 3. Les télégrammes en langage convenu ne peuvent contenir que des mots de dix caractères au plus, appartenant aux langues allemande, anglaise, espagnole française, italienne, néerlandaise, portugaise et latine. Tout télégramme peut contenir des mots puisés dans toutes les langues susmentionnées.

§ 4. — Les noms propres... (Voir § 5, p. 30).

§ 5. Le bureau d'origine peut demander la production du vocabulaire afin de contrôler l'exécution des dispositions qui précèdent et de vérifier l'authenticité des mots employés.

Art. 9. § 1. — Sont considérés comme télégrammes en langage chiffré :

a. Ceux qui contiennent un texte chiffré ou en lettres ayant une signification secrète.

b. Ceux qui renferment... (Sans changement, p. 30).

§. 2. Le texte chiffré peut être composé exclusivement de lettres de l'alphabet ou exclusivement de chiffres arabes.

§ 3. Les offices extra-européens sont autorisés à ne pas admettre sur leurs lignes les télégrammes privés contenant des lettres ayant une signification secrète.

PARIS, 1890. — Nous rappelons encore que tout en maintenant les articles de la convention internationale tels qu'ils ont été rédigés à Saint-Pétersbourg, les États se sont réservé le droit de les compléter par un règlement dont les prescriptions peuvent être modifiées à toute époque. La France, accueillant les autres nations à Paris en 1890, leur a soumis tout un nouveau programme, précédé d'observations préliminaires que nous allons résumer.

Dans la pratique, la France a rencontré de grandes difficultés pour la taxation exacte des mots suivant les règlements actuels; il s'agit des correspondances internationales, où l'on fait un usage de plus en plus fréquent de langues étrangères; de plus, dans le régime extra-européen et même dans les relations européennes, la majeure partie de la correspondance du commerce est formulée en langage convenu; chaque négociant a son code, les mots de ce code sont empruntés à des vocabulaires de composition souvent américaine où l'on emploie constamment des mots de toutes les langues, des mots altérés ou simplement fabriqués de toutes pièces. Nous ne croyons pas que ces vocabulaires soient, en général, vérifiés ni approuvés par les offices, et nous ne pensons pas non plus qu'ils puissent l'être par aucun, tellement la tâche serait lourde pour les Administrations et tracassière pour le public.

Les télégrammes rédigés à l'aide de ces codes sont présentés aux guichets, il n'est pas rare dans les grands centres de voir déposer trente et quarante télégrammes par un même expéditeur au même moment. Le contrôle des langages, qui serait dans ces conditions singulièrement ardu, même pour les linguistes compétents, est absolument impraticable pour nos agents taxateurs. Les difficultés d'appréciation sont, à cet égard, tellement grandes que l'Administration française, à la suite de très nombreuses enquêtes poursuivies a été amenée à reconnaître que son service central de traduction lui-même était obligé de se déclarer souvent incompétent pour trancher un litige.

Indépendamment des difficultés de langage, il surgit des difficultés d'interprétation du règlement : aux termes de l'article 6 § 2, un même télégramme peut être libellé partie en clair, partie en langage convenu, à condition que ce dernier soit placé entre parenthèses. L'expéditeur a-t-il la faculté d'employer tantôt un mot convenu de dix caractères, tantôt un mot clair pouvant en avoir quinze ? L'article 8, portant que les télégrammes en langage convenu ne peuvent contenir que des mots de dix caractères au plus, faut-il conclure que les télégrammes où les deux langages se trouvent mêlés sont des télégrammes du langage convenu et ne peuvent renfermer aucun mot, même en clair, ayant plus de dix caractères ? Et dans ce cas, le mot clair de onze ou quinze caractères comptera-t-il comme deux mots ou comme un assemblage de lettres ? Cette interprétation constituerait une exception aux règles du régime européen, exception trop grave pour qu'il ne fût pas nécessaire de la stipuler explicitement. Nous penchons pour la négative, à l'encontre de l'opinion du Bureau international.

Veut-on se rendre compte des conséquences que peuvent entraîner ces différences d'appréciations. Prenons un télégramme composé de trois mots : (Actuelle moritur) immediately. Suivant le code employé *le* mot : actuelle, signifie : *nous sommes d'accord sur le prix*, et le mot : moritur : *expédies marchandises*; le troisième mot qui a onze lettres est bien employé avec sa signification ordinaire : *Nous sommes d'accord sur le prix, expédies marchandises immédiatement*. Suivant l'interprétation du Bureau international, ce troisième mot serait taxé comme langage chiffré, assemblage de lettres de onze caractères, et vaudrait *quatre* mots dans le régime extra-européen où le diviseur est 3 ; *trois* mots dans le régime européen où le diviseur est 5 ; le télégramme serait donc taxé à *six* ou *cinq* mots. Suivant notre interprétation, ce mot ne serait compté que pour *deux* mots au régime extra-européen où le maximum des caractères est 10 et pour *un* mot seulement au régime européen, soit pour le télégramme *quatre* ou *trois* mots ; il y aurait donc pour ce télégramme, dans chaque régime, deux taxes possibles, différentes, sans que le règlement fixe explicitement la bonne.

Il n'est pas hors de propos de faire observer que ce même mot « immediately » et aussi un très grand nombre d'expressions empruntées à toutes les langues sont fréquemment l'objet d'altérations évidentes pour les linguistes mais qui échappent aisément aux taxateurs et qui n'en constituent pas moins de véritables fraudes. Ainsi, aux termes du règlement, le mot altéré « imediately » devrait être taxé comme langage chiffré, groupe de lettres, dans tous les régimes et être compté pour *quatre* mots au régime extra-européen, pour *deux* au régime européen; ne serait-ce pas excessif?

En résumé et pour conclure, nous croyons pouvoir constater que le règlement actuel n'est pas appliqué, qu'il n'est pas applicable, et nous pensons que pour ce double motif une réforme s'impose, car il n'est pas bon de promulguer ou maintenir des lois que l'on puisse transgresser impunément.

La vraie solution [1], dans le cas où les habitudes propres au régime extra-européen le permettraient, serait de fixer à douze caractères le maximum de longueur d'un mot, dans n'importe quelle langue, dans n'importe quel langage; le langage chiffré ne serait admis que formé de chiffres arabes (exclusion des groupes de lettres); le compte du langage chiffré se ferait par séries de cinq chiffres avec collationnement obligatoire. Ce nouveau régime serait assurément le plus facile à appliquer; mais comme il aurait pour résultat d'imposer aux Compagnies sous-marines un travail excédant de 20 0/0 le travail actuel, sans augmentation correspondante des produits, on ne pourrait guère compter sur l'adhésion de ces Compagnies. Perdant alors son caractère général, la réforme entrevue présenterait un bien moindre intérêt.

A défaut de cette solution radicale, l'Administration française, considérant que, pour les taxateurs, il n'existe en général, d'autre langage clair que celui du pays d'origine; que, tous les autres langages sont, pour ce taxateur, des langages secrets, a cru devoir proposer une combinaison développée pouvant se résumer comme suit: ne considérer comme langage clair, c'est-à-dire intelligible pour le taxateur, que le langage emprunté à la langue ou aux langues du pays d'origine, attribuer à ce langage seul, comme privilège, l'emploi de mots de quinze caractères au plus. Dans le langage étranger, comme dans le langage convenu, le compte des mots se ferait par séries de dix caractères, en comptant l'excédent pour un mot.

L'Administration exigerait une grande régularité pour l'orthographe des mots du langage clair bien connu du taxateur; quant au langage étranger et au langage convenu, la règle principale, la règle unique à maintenir, serait l'emploi obligatoire de mots réels existant dans

---

(1) Nous continuons à analyser le mémoire présenté par la France.

une langue autorisée et ayant un sens intrinsèque. Nous ne proposons pas d'étendre à ces deux langages l'interdiction de faire emploi de réunions de mots même abusives ou de mots dont l'orthographe aurait subi certaines altérations, par ce motif essentiel déjà développé plus haut, que les taxateurs n'ont pas la compétence voulue pour statuer en pareille matière, qu'il s'agisse de langues étrangères ou de langage convenu ; nous pensons que maintenir la réglementation actuelle serait perpétuer les difficultés et les impossibilités radicales contre lesquelles nous nous débattons.

Comme conclusion de cette argumentation, la France proposait à la conférence un projet de règlement commençant par :

« Les télégrammes peuvent être rédigés en langage clair, en langage étranger, en langage convenu, et en langage chiffré ».

Et définissant ainsi le langage étranger et le langage convenu :

« On entend par télégrammes en *langage étranger* ceux qui, offrant un sens compréhensible, sont rédigés dans une langue autre que celle du pays d'origine, et sont formés de mots appartenant réellement aux langues admises dans les relations internationales.

» L'on entend par télégrammes en *langage convenu*, ceux où il est fait emploi de mots qui, tout en présentant chacun un sens intrinsèque, ne forment pas de phrases compréhensibles pour les offices en correspondance ».

La principale proposition de la France, cette distinction du langage clair et du langage étranger, ne fut pas adoptée.

Que l'on nous permette, au sujet de ces propositions françaises, quelques réflexions personnelles. Ce que disait la France des difficultés rencontrées par le taxateur est parfaitement exact, mais sa définition du *langage clair* paraît un peu étroite. Il semble qu'il y aurait un moyen de l'élargir, et peut-être alors de la faire adopter.

On eût pu accepter, comme « langage clair », la langue du pays d'*origine* du télégramme et celle du pays de *destination*. Supposons, en effet, que le taxateur ignore cette dernière, il pourra néanmoins taxer approximativement la dépêche qui lui est remise, et comme il est contraint, par le règlement, de transmettre l'indication du nombre de mots qu'il a taxés au départ, rien de plus facile à l'employé du bureau d'arrivée, qui comprend la langue du télégramme, que de vérifier la taxe perçue et, si elle n'est pas exacte, de la rectifier.

Comment pourra-t-il percevoir la différence? Simplement, en apposant un timbre de perception dont le montant sera recouvré près du destinataire, exactement comme cela se passe dans les correspondances postales pour les lettres insuffisamment affranchies.

Dans sa définition du langage convenu, la France supprimait, avec juste raison, l'obligation d'employer des mots dépendant seulement des huit langues adoptées, mais elle présentait encore cette définition erronée :

« Ne formant pas de phrases compréhensibles pour les offices en correspondance ».

Nous avons déjà fait remarquer, page 26, que les offices en correspondance étaient, à proprement parler, l'office de départ, celui de destination, et peut-être ceux de transit, et que par suite la définition ne correspondait pas à la réalité, au desideratum. Il suffirait de dire : « ne formant pas de phrases compréhensibles », et c'est un bureau polyglotte qui pourrait seul être juge de la compréhensibilité de la phrase.

Après la France, la Belgique fit aussi des observations. Il est indispensable, dit-elle par son délégué, de mettre un terme aux abus de la correspondance en langage convenu. Certains expéditeurs introduisent dans leurs télégrammes des expressions qui devraient être taxées comme langage chiffré; par exemple, il arrive que chacune des consonnes qui entrent dans la composition de ces mots a une valeur conventionnelle, les voyelles intercalées servent uniquement à donner l'apparence de mots à ces assemblages de lettres.

Parfois, des contestations s'élèvent relativement à l'usage courant (¹) des mots employés. Un code officiel contenant classés par ordre alphabétique tous les mots qui peuvent être utilisés fera disparaître en majeure partie les difficultés qui se produisent. Toutefois, ce code devrait comprendre tous les mots réellement admissibles; de cette façon, les vocabulaires qui ont été établis conformément aux règlements internationaux pourraient continuer à être utilisés.

Dans la solution préconisée par la Belgique, le code officiel devrait contenir bien plus de « deux cent mille » mots; il existe, en effet, un code anglais, le *Whitelaw*, qui contient déjà 242 600 mots, tirés de six langues seulement et tous ces mots sont conformes au règlement.

L'Australie, dans les observations qu'elle présente, demande une définition plus précise du langage convenu. Nous avons dit, en effet, que la définition adoptée laissait beaucoup à désirer sous le rapport de l'exactitude.

La France ne voit pas bien pourquoi les noms propres sont exclus du langage convenu; nous n'avons, en effet, rien pu trouver comme explication rationnelle de cette mesure.

A son tour, la Suisse voudrait qu'il n'y eût aucune différence, entre les régimes européen ou extra-européen, dans la manière de

---

(1) C'est à tort que la Belgique parlait de l'usage « courant » des mots employés; il a été dit que les mots devaient faire réellement partie d'une langue, mais il n'a jamais été question de leur fréquence, de leur usage courant.

compter les groupes de chiffres ou les groupes de lettres; il semble en effet impossible de motiver la différence admise (groupes de *cinq* ou groupes de *trois*). Toutefois les partisans de l'opinion adverse invoquent la capacité de transmission plus faible des lignes à câble.

Enfin l'Italie fait une observation fort juste sur la rédaction de l'article 19 du règlement. Cet article dit que : dans les télégrammes qui contiennent un langage convenu, les mots clairs sont comptés... Or, tous les mots d'un télégramme en langage convenu, sont *clairs* par définition, puisqu'ils doivent être puisés dans une des huit langues admises. Donc, la rédaction de l'article est inexacte.

Nous venons de résumer les principales objections faites au règlement antérieur, les unes touchent au fond même des choses, d'autres seulement à la rédaction des articles, mais ajoutons que tout le monde s'est mis d'accord pour supprimer aux particuliers le droit d'envoyer des dépêches en lettres secrètes. Ce genre de correspondance n'est plus admis dans le régime européen, il était déjà supprimé dans le régime extra-européen, il est encore toléré en France dans le régime intérieur, et le sera jusqu'à ce qu'une loi intervienne pour le proscrire.

Voici *in extenso* les articles du règlement actuel qui concernent les dépêches secrètes :

Art. 6. — § 1. Les télégrammes peuvent être rédigés en langage clair ou en langage secret se distinguant en langage convenu, en langage chiffré et en langage en lettres ayant une signification secrète.

§ 2. Tous les offices acceptent dans toutes leurs relations les télégrammes privés en langage clair. Ils n'acceptent pas les télégrammes *privés* dont le texte est formulé totalement ou partiellement en lettres ayant une signification secrète. Les États peuvent n'admettre ni au départ, ni à l'arrivée, les télégrammes privés en langage convenu ou en langage chiffré, mais ils doivent laisser ces télégrammes circuler en transit, sauf le cas de suspension défini à l'article 8 de la Convention de Saint-Pétersbourg.

§ 3. Tous les offices acceptent dans toutes leurs relations les télégrammes d'État et de service rédigés en lettres ayant une signification secrète.

Art. 7. — § 1. On entend par télégrammes en langage clair ceux qui offrent un sens compréhensible dans l'une (¹) quelconque des langues autorisées pour la correspondance télégraphique internationale.

§ 2. Chaque Administration désigne parmi les langues usitées sur le territoire de l'État auquel elle appartient, celles dont elle autorise l'emploi dans la correspondance télégraphique internationale en langage clair. L'usage de la langue latine est également autorisé.

Art. 8. — § 1. On entend par télégrammes en langage convenu ceux où il est fait emploi de mots qui, tout en présentant chacun un sens intrinsèque, ne forment pas de phrases compréhensibles pour les offices en correspondance (²).

§ 2. Ces mots sont extraits de vocabulaires admis pour la correspondance internationale ou d'un vocabulaire officiel dressé par le Bureau international des Administrations télégraphiques.

L'emploi du vocabulaire officiel deviendra obligatoire à l'expiration d'un délai de trois ans qui suivra la date de sa publication; il sera facultatif pour les correspondances du régime extra-européen.

§ 3. Les mots du langage convenu ne peuvent contenir au maximum que dix caractères et doivent être empruntés à l'une ou plusieurs des langues allemande, anglaise, espagnole, française, hollandaise, italienne, portugaise et latine.

§ 4. Les noms propres ne peuvent pas entrer dans la composition des vocabulaires, sauf dans celle du vocabulaire officiel dressé par le Bureau international des Administrations télégraphiques; ils ne sont admis dans les télégrammes en langage convenu, formés de mots empruntés à d'autres vocabulaires, qu'avec leur signification en langage clair.

Art. 9. — § 1. On entend par télégrammes en langage chiffré, ceux dont le texte est intégralement ou partiellement formé de groupes, ou bien de séries de chiffres ayant une signification secrète.

§ 2. Le texte chiffré des télégrammes *privés* doit être composé exclusivement de chiffres arabes.

(¹) Quid, si le télégramme emploie des mots de plusieurs langues ?

(²) Il faudrait au moins : « pour une réunion de traducteurs experts. »

Art. 14. — . . . . . § 2. Le texte d'un télégramme privé ne peut être rédigé en langage secret que si le pays de destination admet ce mode de correspondance.

§ 3. Le texte d'un télégramme privé destiné à un pays admettant la correspondance secrète peut comprendre des passages en langage clair et en langage secret.

Art. 16. — . . . . . § 4. Le texte des télégrammes d'État en langage chiffré peut être formé de chiffres ou de lettres ayant une signification secrète, mais le mélange de chiffres et de lettres n'est pas admis.

§ 5. Les télégrammes d'État sont l'objet d'une répétition partielle ou intégrale.

Art. 20. — . . . . . § 2. Dans le langage convenu et dans les deux régimes, le maximum de longueur d'un mot est fixé à dix caractères; les mots en langage clair insérés dans le texte d'un télégramme mixte composé de mots en langage clair et de mots en langage convenu, sont comptés pour un mot jusqu'à concurrence de dix caractères. l'excédent étant compté pour un mot par séries indivisibles de dix caractères. Si ce télégramme mixte comprend, en outre, un texte chiffré, les passages chiffrés sont comptés conformément aux prescriptions du § 6 ci-après; si le télégramme mixte ne contient qu'un texte en langage clair et un texte en langage chiffré, les passages en langage clair sont comptés suivant les prescriptions du § 1er du présent article, et le texte chiffré suivant les prescriptions du § 6.

§ 6. Pour la correspondance du régime européen, les nombres écrits en chiffres sont comptés pour autant de mots qu'ils contiennent de fois cinq chiffres, plus un mot pour l'excédant, la même règle est applicable au calcul des groupes de lettres dans les télégrammes d'État, aussi bien que des groupes de lettres et de chiffres formant les marques de commerce.

Pour la correspondance du régime extra-européen, le nombre de mots auquel correspond un groupe de chiffres ou de lettres s'obtient en divisant le nombre des chiffres ou des lettres par *trois* et ajoutant, s'il y a lieu, un mot pour le reste.

§ 10. Lorsque, contrairement aux dispositions de l'article 9, un télégramme privé contient accidentellement

un groupe de lettres non autorisé ou un mot n'appartenant à aucune des langues admises dans les relations
internationales, ce groupe de lettres ou ce mot sera
compté conformément aux prescriptions du § 6 du
présent article.

Tel est le règlement élaboré en 1890 ; dans les télégrammes mixtes,
l'obligation de mettre les passages chiffrés ou en langage convenu
entre parenthèses, obligation bien inutile, mais qui avait résisté si
longtemps, a enfin disparu. Mais combien encore de prescriptions
dont le motif échappe et qui d'ailleurs sont dépourvues de sanction;
celles relatives aux noms propres : les noms propres sont exclus des
vocabulaires particuliers, ils sont admis dans le vocabulaire officiel.
On se demande pourquoi leur exclusion des vocabulaires particuliers. Et comment empêcher leur présence dans un télégramme en
langage convenu. On dit bien qu'ils devront avoir leur vraie signification, comment s'en rendre compte puisque la dépêche est secrète,
Par la production du vocabulaire, me dira-t-on, mais, en pratique,
cette production est-elle possible ? L'Angleterre a répondu à cette
question, page 31, et la France, page 33.

Quoi qu'il en soit, on voit que la création d'un vocabulaire officiel
a été complètement décidée dans cette Conférence. Néanmoins, de
nombreuses et justes objections ont été produites, la preuve en est
que le vocabulaire officiel n'est, jusqu'à présent, déclaré que *facultatif* pour le régime extra-européen. Si cette clause est maintenue,
c'est rendre son importance illusoire, car les correspondances en
langage convenu échangées entre l'Europe et les autres parties du
monde tiennent une place considérable dans l'ensemble des dépêches
de cette espèce. Il y a donc tout lieu de croire à une modification
immédiate de cette clause, d'ailleurs, les négociants n'ont en général
qu'un code applicable à toutes leurs affaires et commun à leurs correspondants, qu'ils habitent l'Europe ou les pays extra-européens.

Mais la création de ce vocabulaire lui-même n'est pas chose facile
si l'on veut qu'il soit pratique. On demande que ce vocabulaire contienne au minimum 200 000 mots *faciles à transmettre*, mais un mot
hollandais sera toujours difficile à transmettre pour un employé italien, un mot allemand pour un Français et réciproquement. Nous
avons déjà parlé de la difficulté de faire concorder ensemble un vocabulaire de 200 000 mots tirés de *huit* langues et le code *Whitelaw*,
le plus complet des répertoires de mots télégraphiques actuels qui
comprend 242 600 mots, tirés de six langues seulement. Néanmoins,
le format que l'on adopterait pour l'officiel serait celui du Whitelaw,
mais l'on n'admettrait ni les mots très courts, ni surtout les
monosyllabes. Le vocabulaire officiel comportera un seul volume

(de quelle dimension !), les mots des huit langues autorisées y seront confondus et inscrits dans l'ordre rigoureusement alphabétique ; les accents seront négligés ; les lettres à tréma *ä*, *ö*, *ü*, représentées par les diphtongues *ae*, *oe*, *ue*. Le Bureau international est autorisé à se servir de tous les documents qui pourront lui être utiles et en particulier des huit volumes des *Telegraphic conventions Codes*, de sir James Anderson. Les mots seront numérotés, mais la méthode à suivre pour le numérotage a été provisoirement réservée.

DEUXIÈME PARTIE

DEUXIÈME PARTIE

EXPOSÉ D'UNE MÉTHODE NOUVELLE

Il résulte de ce qui a été dit dans la Première Partie de cette étude que la situation actuelle des dépêches secrètes est celle-ci.

Trois sortes de télégrammes secrets sont admis dans les relations internationales.

1° Les dépêches formées de *lettres ayant une signification secrète*. Elles sont admises lorsqu'elles émanent d'un Gouvernement, mais le public ne peut en faire usage. Toutefois, en France, dans le régime intérieur, elles sont encore momentanément tolérées. Pour leur taxation il existe une différence entre le régime européen et le régime extra-européen. Ce dernier compte *trois* lettres pour un mot, le régime européen en admet *cinq*.

2° Les dépêches formées de *chiffres*. Elles sont admises dans les relations internationales, qu'elles émanent d'un Gouvernement ou d'un particulier. Comme taxation elles suivent le traitement des lettres ; *trois* chiffres comptent pour un mot dans le régime extra-européen, *cinq* dans le régime européen. A remarquer que ni les Etats, ni le public ne peuvent employer simultanément les lettres et les chiffres.

Quelques nombres à retenir, le tarif des chiffres pour le régime extra-européen est presque prohibitif ; il ne comporte en effet que mille combinaisons de chiffres, de 000 à 999 : ce nombre est insuffisant pour la correspondance commerciale la plus simple. Pour le régime européen on dispose de cent mille combinaisons valant un mot chacune, de 00000 à 99999. Les 26 lettres de l'alphabet admises pour les correspondances officielles permettent, prises trois à trois, 17 576 combinaisons et 11 881 376, si on les prend cinq à cinq. En général les négociants faisant un chiffre moyen d'affaires auraient suffisamment de ces 17 576 combinaisons possibles (dictionnaire Mamert-Gallian) et leurs vocabulaires particuliers contiennent moins encore de phrases. Mais les grands commerçants et spécialement les banquiers trouvent ces nombres tout à fait insuffisants. Il est en effet pour eux d'un grand intérêt de pouvoir traduire par un seul mot des phrases entières extraites de tableaux à plusieurs entrées. Voici un exemple très ordinaire de ces questions. Un négociant de Paris ou de Londres demande à Saïgon ou à Rangoon à son correspondant : « A quel *prix* (par unité de poids) pouvez-vous m'envoyer.... *tant....* de tonneaux de riz de.... *telle....* qualité par steamer *ou* voilier ? Admettons que l'unité de poids puisse varier de *vingt* valeurs différentes et prévues, que les quantités de tonneaux dont il est fait couramment usage soient au nombre également à prévoir de *trois cents*, qu'il y ait *sept* qualités de riz différentes, on voit qu'un tableau à trois entrées pourra représenter $20 \times 300 \times 7 = 42000$ combinaisons doublées encore et amenées à 84 000 par l'hypothèse *steamer ou voilier*. Pour représenter par un seul mot ou par une seule combinaison de chiffres ou de lettres ces 84 000 phrases différentes, il faut au négociant cinq chiffres ou quatre lettres. Le tarif extra-européen est donc prohibitif pour ces combinaisons. D'ailleurs on a vu la proscription des lettres pour les correspondances privées dans tous les régimes. Quel a été le motif de cette proscription, peut-on se demander ? Est-ce d'empêcher les négociants de faire des économies, en mettant trop de combinaisons à leur portée ? Nullement, puisque dans le langage convenu dont il va être parlé ci-après, on met deux cent mille mots à leur disposition. Il ne faut donc voir dans cette mesure que le désir de transmettre exactement les dépêches ; rien n'est plus difficile pour un employé que de transmettre des lettres qui sont sans rapport de sens ou de son avec leurs voisines, le groupe *ntieu* sera évidemment plus difficile que le mot *unité*; toutes les personnes qui ont à transcrire des dépêches secrètes en lettres, notamment les officiers, savent combien il faut de minutieuse attention pour copier une centaine de lettres sans erreur. Nous croyons donc que l'on a bien fait de supprimer l'usage des lettres.

3° Le *langage convenu* est celui qui dans tous les régimes, mais surtout dans le régime extra-européen, mettra à la disposition des négociants le plus grand nombre de mots. C'est le plus élastique des trois langages admis actuellement. Le code anglais Whitelaw offre déjà 242 600 mots admissibles, c'est-à-dire autant de combinaisons. La création d'un vocabulaire officiel a été votée, et si ce vocabulaire est vraiment complet, il devra contenir au moins 300 000 mots, car le Whitelaw n'est fait qu'avec six des huit langues admises et de plus il a été décidé que le vocabulaire officiel pourrait contenir des noms propres, ce qui est interdit aux codes particuliers. Nous ignorons quel est l'état d'avancement de ce vocabulaire qui n'a pas encore paru (1), mais

____

(1) Une correspondance de Suisse, parue dans le journal *Le Temps,* du 24 octobre 1893, donne les renseignements suivants sur l'état d'avancement du vocabulaire officiel. Le choix des mots et leur classement par ordre alphabétique seraient terminés ; la composition entreprise en mars 1894 devait être terminée à la fin de cette même année. Le prix auquel on mettrait en vente l'ouvrage serait le prix coutant du tirage. Aucun détail n'est donné sur le numérotage.

il nous est permis de faire quelques conjectures sur son emploi. Il sera plus considérable que le Whitelaw, déjà d'un format à peine maniable. De plus comme pour les codes actuels, on se heurtera à la difficulté de transmission. Les employés du télégraphe d'un pays peuvent être considérés comme sachant uniquement leur langue natale et tous les mots tirés du vocabulaire, au moins pour les sept huitièmes leur seront étrangers, c'est-à-dire totalement inconnus comme orthographe, ils auront de la peine à les reproduire exactement tout en les ayant écrits sous les yeux; bien de ces mots ne leur apparaîtront que comme un assemblage presque incohérent de neuf ou dix lettres.

Donnons un exemple : nous nous servons personnellement depuis plusieurs années d'un code où se trouve le mot: *alcahest;* hâtons-nous do dire que ce mot est français, se trouvant dans le dictionnaire de Larousse, nos lecteurs ne pourraient s'en douter. Dans nos correspondances avec Saïgon, ce mot revient une ou deux fois par an, il n'a jamais été transmis correctement, et, cependant, sa prononciation courante, son euphonie, ne devraient pas le rendre très difficile ; il nous a été transmis comme *cahest, alcochest,* etc. Il est tellement à prévoir que le même sort funeste atteindra les mots du vocabulaire et rendra les dépêches difficiles à traduire, qu'il a été décidé que les mots officiels différeraient au moins par deux lettres entre eux. Mais cette précaution sera-t-elle suffisante?

Les mots du Whitelaw satisfont déjà à cette condition et cependant l'auteur a dû ajouter à son code un répertoire annexe où l'on peut retrouver les mots du code au moyen de leurs trois dernières lettres.

L'auteur a supposé que le commencement et la fin du mot ne seraient pas dénaturés en même temps et qu'en cas d'erreur de transmission on pourrait ainsi opérer la reconstitution du mot. Nous savons qu'en pratique on se sert assez souvent de ce répertoire annexe, dont le prix d'achat vient encore augmenter celui du Whitelaw (¹). Le vocabulaire officiel du Bureau International, qui doit devenir obligatoire un jour, sera-t-il d'un prix moins élevé et d'un emploi plus sûr? Il est permis d'en douter.

Voici donc résumés les inconvénients et les défauts actuels des règlements revisés en 1890 pour la huitième fois:

Inégalité de traitement entre les États et le public : pourquoi une dépêche en lettres secrètes, considérée comme trop difficile à transmettre quand elle émane d'un particulier, est-elle admise présentée par un Gouvernement?

Inégalité entre le régime européen et le régime extra-européen : autrefois les câbles présentaient une capacité de transmission plus

---

(1) Le prix du répertoire Whitelaw est 100 francs et le prix de l'annexe est 10 francs.

faible que les lignes terrestres; on peut dire que, grâce aux perfectionnements incessants, il n'en est plus de même aujourd'hui; les transmissions des deux régimes pourraient être soumises aux mêmes lois;

Enfin, obligation, décidée pour l'avenir, d'user d'un vocabulaire officiel qui coûtera fort cher au public ou aux Etats, dont le maniement sera peu commode, vu son format, et dont les mots seront toujours difficiles à transmettre correctement.

En se reportant à la Première Partie de cet ouvrage, on verra qu'une nation avait autrefois demandé, peut-être ironiquement, la création d'une langue télégraphique universelle; nous nous proposons de soumettre à l'examen du Bureau international des Gouvernements et de la prochaine Conférence un nouveau mode de langage secret pouvant réaliser cette langue télégraphique universelle. Nous demanderions son admission, concurremment aux trois autres, et des essais de fonctionnement; espérant que plus tard les avantages de toute sorte, notamment une économie considérable, résultant de son usage, le feraient préférer à tous.

NOUVEAU LANGAGE SECRET. — Autrefois, les mots en clair étaient comptés par leur nombre de syllabes et l'on admettait pour un mot jusqu'à *sept* syllabes; le langage secret que nous proposerons se composerait exclusivement de syllabes de l'orthographe la plus simple, **une consonne suivie d'une voyelle,** **et trois syllabes seulement seraient comptées pour un mot :** nous appellerons donc ce langage **syllabique** ou **trisyllabique.**

L'alphabet Morse représentant l'alphabet normal de tous les pays occidentaux admet vingt consonnes et six voyelles; nous pourrions, en usant de toutes les combinaisons possibles, trouver que chacune des 20 consonnes, suivie successivement de chacune des 6 voyelles, nous donne 120 syllabes différentes; que, par conséquent, un langage disyllabique présenterait déjà 14 400 combinaisons, et le langage trisyllabique 1 728 000. Mais ce trop grand nombre de syllabes différentes irait à l'encontre de la simplicité recherchée pour notre méthode, plusieurs de ces syllabes pourraient être confondues entre elles par leurs assonances, et devenir la source de multiples erreurs. Nous allons donc faire un choix entre les lettres, ne prendre que *dix* consonnes et *cinq* voyelles, et déterminer ce choix par des raisons tirées de deux motifs différents : 1° l'assonance absolument différente des diverses syllabes à former, pour éviter toute confusion possible dans la prononciation à haute voix ou mentale; 2° la différence absolue des signaux Morse qui doivent les représenter, les transmettre par écrit.

Les voyelles choisies sont A (. —), E (.), I (. .), O (— — —), U (. . —),

et les consonnes D (—..), F (..—.), J (.———), K (—.—), M (——),
P (.——.), R (.—.), S (...), T (—), V (...—).

Dans le tableau qui va suivre nous présenterons les cinquante
syllabes possibles et nous écrirons chacune d'elles en caractères Morse
comme si la consonne et la voyelle réunies ne représentaient qu'une
lettre, qu'un son, c'est-à-dire en mettant tous les signaux à l'inter-
valle d'un point.

Ainsi qu'on peut le remarquer, aucune des consonnes choisies ne
saurait, dans une prononciation défectueuse, être confondue avec
une autre, sauf peut-être en allemand, le D avec le T, et le V avec
l'F; le tableau ci-dessous montre qu'aucune des syllabes Morse qu'il
contient ne peut être confondue avec une autre du même tableau,
quelle que soit la façon de scinder les groupes de caractères.

DA	DE	DI	DO	DU
—..—.—	—...	—....	—..———	—....—
FA	**FE**	**FI**	**FO**	**FU**
..—..—	..—..	..—...	..—.———	..—...—
JA	**JE**	**JI**	**JO**	**JU**
.———.—	.———.	.———..	.——————	.———..—
KA	**KE**	**KI**	**KO**	**KU**
—.—.—	—.—.	—.—..	—.————	—.—..—
MA	**ME**	**MI**	**MO**	**MU**
——.—	——.	——..	—————	——..—
PA	**PE**	**PI**	**PO**	**PU**
.——..—	.——..	.——...	.——.———	.——...—
RA	**RE**	**RI**	**RO**	**RU**
.—..—	.—..	.—...	.—.———	.—...—
SA	**SE**	**SI**	**SO**	**SU**
....—	....	.....	...———	....—..—
TA	**TE**	**TI**	**TO**	**TU**
—.—	—.	—..	————	—..—
VA	**VE**	**VI**	**VO**	**VU**
...—.—	...—.	...—..	...————	...—..—

On pourra, il est vrai, objecter à ce tableau que DA pourrait se
lire BT, TV ou NU, mais si l'on admet que l'on sait avoir affaire à la
correspondance syllabique, deux consonnes de suite sont inadmis-
sibles et la consonne N ne fait pas partie des *dix* choisies à l'exclusion
de toutes autres. L'espace entre deux syllabes serait de trois points,
comme l'espace régulier entre deux lettres. Tous ces détails arides
pour le lecteur, sont extrêmement simples pour les employés du
télégraphe.

En admettant que *trois* syllabes soient comptées pour un mot, les
correspondants ont à leur disposition 50³ combinaisons, c'est-à-dire
125 000 et ce nombre est parfaitement admissible pour une bonne

moyenne de correspondance commerciale. Un petit négociant ou deux particuliers pourraient avoir assez de 2.500 mots et n'employant que deux syllabes bénéficieraient d'un tiers sur le tarif ; d'autre part des banquiers, de grands négociants voulant user du tableau à plusieurs entrées emploieraient quatre syllabes, paieraient ainsi un tiers de mot, de supplément, pour avoir à leur disposition 50^4 ou 6.250.000 combinaisons. Nous reviendrons dans quelques pages sur cette question et nous donnerons la façon pratique d'user suivant les circonstances de ces réductions ou de ces suppléments de syllabes (page 55 et suivantes).

Examinons immédiatement quelle serait la longueur en signaux Morse d'une dépêche de dix mots *trisyllabiques*. Le tableau des syllabes donne 265 caractères pour les 50 syllabes, donc les 30 syllabes de la dépêche exigeront en moyenne $265 \times \frac{30}{50}$ soit 159 caractères Morse. Dans la Première Partie, on a pu voir qu'une dépêche française de dix mots en clair devait en moyenne être composée de 147 caractères et une dépêche de cinquante lettres ayant une signification secrète de 188 caractères, tandis qu'un télégramme en langage convenu ne pouvait exiger moins de 208 signaux. C'est donc grâce au choix des consonnes et des voyelles et à leur proportion relative que les *soixante lettres* des trente syllabes n'exigent pas plus de signaux que les *cinquante* lettres secrètes comptant pour dix mots.

La principale objection qui sera faite à ce nouveau langage secret est celle-ci : pour la régularité des transmissions et la sécurité de l'interprétation, la Conférence a exigé de la commission du vocabulaire officiel que les mots adoptés diffèrent au moins par *deux lettres*, et les mots du langage trisyllabique ne différeront, par suite de leur construction même, que d'une lettre entre eux, ce qui semble augmenter les chances d'erreur. A cela nous répondrons, tout d'abord, que les mots du vocabulaire étant, pour les sept huitièmes, inconnus des employés et comptant de huit à dix lettres seront extrêmement difficiles à transmettre, tandis que, quelle que soit la nationalité de l'employé, il transmettra le plus aisément du monde des groupes trisyllabiques affectant la forme PAMIJO, KERAVU, SIKORO, etc. ; ces groupes sont extrêmement faciles à prononcer dans n'importe quelle langue, leur prononciation donne leur orthographe sans erreur possible, ils sont courants à lire, aisés à retenir. De plus, les syllabes ne portant jamais que sur les quinze mêmes lettres, les employés devront acquérir une dextérité spéciale pour la transmission de ce langage, surtout si on les autorise à faire cette transmission par syllabe pleine DA, et non par lettres D, A, ainsi que nous le demandons plus haut.

MOT CONTROLE. — En dehors de ces considérations générales, le langage trisyllabique se prête à la création toute nouvelle d'un mot-contrôle. Ce mot dont nous allons expliquer la formation sera écrit comme premier ou dernier mot du télégramme et résumera d'une façon simple et palpable toutes les syllabes à transmettre, en sorte que l'employé récepteur pourra, après un coup d'œil de vérification, signaler à l'employé transmetteur que les syllabes reçues ne concordent pas avec celles qui sont annoncées, que l'erreur est dans les syllabes premières, secondes ou troisièmes des mots trisyllabiques transmis, enfin qu'elle est localisée dans les consonnes ou dans les voyelles. Cette affirmation se fera à coup sûr s'il n'y a qu'une erreur, très probablement s'il y en a plusieurs. La rectification d'une erreur n'exigerait donc que la répétition d'un sixième des lettres de la dépêche — consonnes ou voyelles de l'un des trois groupes — en admettant que l'erreur porte sur la dernière lettre à répéter.

Comme conséquence, il y aura impossibilité de mettre sur le compte d'une erreur involontaire l'arrivée de dépêches incompréhensibles, ou brouillées pendant les moments de difficultés diplomatiques.

Pour faire coïncider le mot-contrôle exact avec une dépêche fausse, il faudrait de toute nécessité fausser plusieurs lettres de façon à faire compenser les erreurs, ce qui peut être difficilement l'effet du hasard, ou alors fausser le mot-contrôle pour le faire coïncider avec les erreurs volontaires commises; en tout cas, la mauvaise volonté et le manquement aux conventions internationales apparaîtraient clairement.

Insistons de nouveau sur le résultat du mot-contrôle qui nous paraît de la plus haute importance. Dans le cas général d'une erreur involontaire, les employés eux-mêmes seront avertis de sa présence et devront la corriger *« sans pour cela comprendre rien à la dépêche elle-même »*.

Comment donc allons-nous former ce mot-contrôle ?

Si l'on compare le tableau des syllabes possibles au tableau ci-dessous :

00	10	20	30	40
01	11	21	31	41
02	12	22	32	42
03	13	23	33	43
04	14	24	34	44
05	15	25	35	45
06	16	26	36	46
07	17	27	37	47
08	18	28	38	48
09	19	29	39	49

on peut voir que pour les rendre identiques, il suffit d'attribuer aux consonnes des valeurs d'unités de 0 à 9, et aux voyelles des valeurs de dizaines de 0 à 40.

En faisant   A = 0,   E = 10,   I = 20,   O = 30,   U = 40,
et   D = 0,   F = 1,   J = 2,   K = 3,   M = 4,   P = 5,
             R = 6,   S = 7,   T = 8,   V = 9,

chacune des syllabes pourra être considérée comme ayant la valeur correspondante, RE vaudra 16; SO, 37; MU, 44; DA sera 0 et VU 49.

Ce postulatum admis et bien compris, supposons qu'on ait à transmettre le télégramme : REPIMO SITASE KAFUDE MOPAVO TOMIDA, écrivons chaque groupe de trois syllabes au-dessous du précédent, en espaçant les syllabes, et en face de chacune d'elles écrivons le nombre qui lui correspond :

RE	16	PI	25	MO	34
SI	27	TA	08	JE	12
KA	03	FU	41	DE	10
MO	34	PA	05	VO	39
TO	38	MI	24	PA	05
TE = 118		**KA = 103**		**DA = 100**	

Puis additionnons les nombres des colonnes verticales; les totaux successifs sont : 118, 103 et 110; retranchons de ces nombres autant de fois 50 qu'il est possible de le faire, les restes respectifs sont 18, 3 et 0, qui, au point de vue syllabique, correspondent à TE, KA et DA, la réunion de ces trois syllabes TEKADA sera le **mot-contrôle**.

Si, dans le télégramme, au troisième mot, on avait transmis VU au lieu de FU, le total de la deuxième colonne, annoncé par KA pour être 3 (+ un multiple de 50), se trouverait être en réalité 11 (+ 100) puisque V vaut 9 et F seulement 1; l'employé ne trouvant pas son deuxième total exact, signalera une erreur d'*unités*, c'est-à-dire de *consonnes*, dans la deuxième colonne. Si, au contraire, la syllabe FU avait été interprétée FO, le total vérifié ne serait que 03, c'est-à-dire 43 (+ 50); l'employé, devant trouver seulement 3, signalerait une erreur de *dizaines*, c'est-à-dire de *voyelles*, dans la même colonne.

Une seule erreur commise par colonne sera donc toujours signalée. Pour qu'elle n'apparaisse pas, il faut forcément en faire plusieurs se complétant les unes par les autres. Prenons toujours la deuxième colonne et l'erreur consistant à changer l'F en V; le total étant augmenté de 8 points, pour compensation il faudra refaire une ou plusieurs erreurs abaissant le total de 8 points, par exemple changer le T de TA en D; ou bien changer simultanément un T en K et un P en J; il sera difficile d'admettre que des erreurs aussi grossières entre lettres pouvant difficilement se confondre soient purement involontaires.

Nous croyons donc avoir réalisé ce problème que les employés, sans être au courant de la signification du télégramme, pourront s'apercevoir des erreurs commises, les corriger eux-mêmes, et remettre au destinataire une dépêche absolument exacte. Celui-ci, d'ailleurs, pourrait de son côté faire la vérification indiquée avant même d'en essayer la traduction.

Réciproquement, nous admettrions l'équivalence obligatoire des consonnes et des voyelles employées, avec leur valeur numérique d'unités et de dizaines, *par ordre alphabétique*, et en échange de la transmission peut-être *gratuite* du mot-contrôle, nous exigerions la préparation préalable, par l'expéditeur, des éléments numériques de ce mot et du mot lui-même; c'est une question d'écriture du télégramme suivant un modèle uniforme défini par un règlement. D'ailleurs, tout correspondant un peu rompu au chiffrement des dépêches, par n'importe quel système usité jusqu'à présent, fera cette écriture ou adoptera les dispositions réglementaires avec la plus grande facilité, pourvu qu'il y trouve son bénéfice. Celui-ci pourrait consister en ce que les offices ne répondraient pas de l'exactitude d'une dépêche en l'absence du mot-contrôle, et, au contraire, la garantiraient si on leur donnait le mot-contrôle tout préparé.

Après avoir montré un des avantages du nouveau système, nous nous proposons de faire voir comment il pourrait s'adapter aux autres méthodes et se substituer à elles, sans rien changer aux principes adoptés par les correspondants, ni surtout à leurs codes.

TÉLÉGRAMMES EN CHIFFRES SECRETS. — Le nombre des chiffres adoptés pour un mot est de *cinq*, par conséquent chaque groupe de cinq chiffres représente un nombre compris entre 0 et 99 999. Nous venons d'établir à l'instant l'équivalence conventionnelle d'une syllabe et d'un nombre entre 0 et 49; admettons maintenant qu'une syllabe, *placée à la gauche* d'une autre, ait sa valeur conventionnelle multipliée par 50; qu'une troisième, encore placée à la gauche de celle-ci, ait sa valeur multipliée par $50^2 = 2500$; en arithmétique on dit : « tout chiffre placé à la gauche d'un autre représente des unités dix fois plus fortes que cet autre ». Nous pourrons dire : « toute syllabe placée à la gauche d'une autre représentera des unités cinquante fois plus fortes que cette autre ».

Premier exemple : RI = 26, TU = 48, ME = 14, le groupe RITUME vaudra :

$$26 \times 2500 + 48 \times 50 + 14 = 65\,000 + 2\,400 + 14 = 67\,414.$$

Deuxième exemple : DA = 0; TA = 8; ME = 14; le groupe DATAME vaudra :   0 × 2 500 + 8 × 50 + 14 = 400 + 14 = 414.

Le tableau ci-contre, servant de barème, permet d'établir rapidement la traduction d'un groupe de chiffres en lettres ou réciproquement. D'ailleurs, il est facile de voir que, pour toutes les valeurs intermédiaires entre

$$DADADA = 0$$

et VUVUVU = 49 × 2 500 + 49 × 50 + 49 = 122 500 + 2 450 + 49 = 124 099,

le tableau indiquera un groupe de trois syllabes et n'en indiquera qu'un seul.

Barème régulier de 125 000 numéros.

	D	F	J	K	M	P	R	S	T	V	
A	0	2.500	5.000	7.500	10.000	12.500	15.000	17.500	20.000	22.500	A
E	25.000	27.500	30.000	32.500	35.000	37.500	40.000	42.500	45.000	47.500	E
I	50.000	52.500	55.000	57.500	60.000	62.500	65.000	67.500	70.000	72.500	I
O	75.000	77.500	80.000	82.500	85.000	87.500	90.000	92.500	95.000	97.500	O
U	100.000	102.500	105.000	107.500	110.000	112.500	115.000	117.000	120.000	122.500	U

	D	F	J	K	M	P	R	S	T	V	
A	00	50	100	150	200	250	300	350	400	450	A
E	500	550	600	650	700	750	800	850	900	950	E
I	1.000	1.050	1.100	1.150	1.200	1.250	1.300	1.350	1.400	1.450	I
O	1.500	1.550	1.600	1.650	1.700	1.750	1.800	1.850	1.900	1.950	O
U	2.000	2.050	2.100	2.150	2.200	3.250	2.300	2.350	2.400	2.450	U

	D	F	J	K	M	P	R	S	T	V	
A	00	01	02	03	04	05	06	07	08	09	A
E	10	11	12	13	14	15	16	17	18	19	E
I	20	21	22	23	24	25	26	27	28	29	I
O	30	31	32	33	34	35	36	37	38	39	O
U	40	41	42	43	44	45	46	47	48	49	U

La façon de se servir du barème est des plus simples. Soit à traduire en syllabes le nombre 86 807, on cherchera dans le barème le nombre immédiatement inférieur, on trouve 85000 qui correspond à MO ; mentalement on fera la soustraction toujours facile entre 86 807 et 85 000 ; le reste est 1 807 ; on recherchera dans le deuxième groupe le nombre immédiatement inférieur 1800 ou RO, enfin le troisième groupe montre que 7 correspond à SA, le trisyllabe cherché est donc MOROSA ; si l'on avait à traduire en chiffres DIKETU, on lirait rapidement DI = 50000, KE = 650, TU = 48 et DIKETU = 50 698, etc. Ces additions ou soustractions se font très facilement de tête. Il est donc très possible de traduire rapidement en groupes de trois syllabes tout groupe de cinq chiffres constituant un mot d'après les règlements internationaux.

TÉLÉGRAMMES EN LANGAGE CONVENU. — Dans tous les répertoires ou Codes, les phrases correspondantes à un mot de convention sont le plus généralement numérotées par ordre alphabétique, donc rien de plus facile, si l'on veut conserver son Code tel quel, que de prendre le numéro d'ordre et de le transformer en mot trisyllabe par le barème ci-dessus ; s'il s'agit d'une correspondance fréquente et n'exigeant pas le secret absolu, il sera plus simple d'écrire en face des phrases, une fois pour toutes, leur traduction syllabique par ordre alphabétique. Si, au contraire, le correspondant, usant d'un vocabulaire général, tel que le répertoire Sittler, le dictionnaire Bazeries, etc., vendu publiquement, veut cependant s'assurer d'un secret particulier, il n'aura qu'à conserver son numérotage ordinaire, le transformant au moment de l'écriture d'une dépêche au moyen d'un barème interverti dont on trouvera le modèle plus loin, page 59.

Ce barème interverti lui assurera un secret plus certain pour ses télégrammes, que celui qu'on peut obtenir par les procédés indiqués dans chaque répertoire, surtout s'il change de temps à autre la base de l'interversion.

Traitons maintenant la question des Codes contenant un peu plus de 2 500 mots, ou plus de 125 000.

Si le Code n'avait que 2 500 numéros, un langage disyllabique suffirait et les correspondants bénéficieraient toujours d'une réduction d'un tiers sur le prix du mot taxé à trois syllabes ; leur Code irait de DADA à VUVU ; mais le Code peut comprendre 10 000 ou 15 000 numéros, et il serait intéressant de chercher à bénéficier autant que possible de la réduction lorsqu'on emploie les phrases les plus usuelles du Code, c'est-à-dire à télégraphier sans confusion possible tantôt avec deux syllabes, tantôt avec trois.

— 56 —

Exemple d'un barème dans lequel les nombres de 0 à 2 249 sont représentés par *deux* syllabes et les autres nombres de 2 250 à 13 499 par *trois*. La première syllabe de gauche dans ce cas commençant obligatoirement par un V, tandis que la syllabe du deuxième groupe ne comporte jamais de V, aucune confusion n'est possible entre les cas où l'on emploie trois syllabes et ceux où deux suffisent.

VA	VE	VI	VO	VU
2.250	4.500	6.750	9.000	11.250

	D	F	J	K	M	P	R	S	T	
A	0	50	100	150	200	250	300	350	400	A
E	450	500	550	600	650	700	750	800	850	E
I	900	950	1.000	1.050	1.100	1.150	1.200	1.250	1.300	I
O	1.350	1.400	1.450	1.500	1.550	1.600	1.650	1.700	1.750	O
U	1.800	1.850	1.900	1.950	2.000	2.050	2.100	2.150	2.200	U

	D	F	J	K	M	P	R	S	T	V	
A	0	1	2	3	4	5	6	7	8	9	A
E	10	11	12	13	14	15	16	17	18	19	E
I	20	21	22	23	24	25	26	27	28	29	I
O	30	31	32	33	34	35	36	37	38	39	O
U	40	41	42	43	44	45	46	47	48	49	U

Il est facile de constater que ce barème donnera par deux syllabes tous les nombres de 0 à 2 249 et qu'aucune de ces syllabes ne commencera par V. Si donc le traducteur ne voit pas de V à la première syllabe de gauche, il en conclura que le mot ne contient que 2 syllabes et est inférieur à 2 249. Il y aura donc intérêt à disposer dans cette première partie du Code les phrases les plus usuelles. Si, après un mot reconnu et traduit, la syllabe suivante commence par un V, le traducteur est averti que le mot qui vient est trisyllabique et est compris entre 2 250 et 13 499 (VUTUVU).

On pourrait d'ailleurs construire d'autres barèmes analogues, suivant les besoins des correspondants, par exemple supprimer le T et le V du second groupe. En ce cas les mots disyllabiques n'iraient que jusqu'à SUVU c'est-à-dire 1999, mais les mots trisyllabiques partant de TADADA = 2 000 iraient jusqu'à VUSUVU = 21 999.

Barème du premier groupe de gauche dans cette hypothèse.

	A	E	I	O	U
T	2.000	6.000	10.000	14.000	18.000
V	4.000	8.000	12.000	16.000	20.000

Exemples à traduire en syllabes :

1778 = KUPI   18557 = TUKESA.

On peut varier les barèmes, mais plus on augmente le nombre de mots représentés par *trois* syllabes, plus on diminue celui des mots disyllabiques. Toutefois, remarquons que de 2 500 mots disyllabiques, nous avons passé à 2 250, mais que le nombre total des combinaisons disponibles s'est élevé à 14 000; puis lorsque nous sommes descendu pour les disyllabes à 2000, l'ensemble des combinaisons, par contre, a atteint 22 000. Tous ces nombres conviennent à des Codes moyens.

On procédera de façon tout à fait analogue si les 125 000 combinaisons données dans le barème sont insuffisantes pour la correspondance; on supprimera tout V du barème destiné à former le premier des trois groupes, en commençant par la gauche, et l'on combinera les barèmes des trois groupes avec celui d'un quatrième commençant uniquement par V et que l'on mettra à gauche encore des trois groupes lorsqu'on voudra s'en servir.

Barème du 4e groupe (ou 1er groupe éventuel à gauche).

VA	VE	VI	VO	VU
112.500	225.000	337.500	450.000	562.500

Barème du 3e groupe (ou 1er groupe ordinaire de gauche).

	D	F	J	K	M	P	R	S	T	
A	0	2.500	5.000	7.500	10.000	12.500	15.000	17.500	20.000	A
E	22.500	25.000	27.500	30.000	32.500	35.000	37.500	40.000	42.500	E
I	45.000	47.500	50.000	52.500	55.000	57.500	60.000	62.500	65.000	I
O	67.500	70.000	72.500	75.000	77.500	80.000	82.500	85.000	87.500	O
U	90.000	92.500	95.000	97.500	100.000	102.500	105.000	107.500	110.000	U

Les mots trisyllabiques, ne commençant jamais par V, vont de 0 à 112 499 = TUVUVU, c'est-à-dire que sur le barème ordinaire les trisyllabes perdent 12 500 combinaisons ; en revanche les mots quadrisyllabiques vont de VADADADA = 112 500 jusqu'à VUTUVUVU qui vaut 674 999 ; on a donc en somme à sa disposition 675 000 combinaisons dont 112 500 trisyllabes, c'est-à-dire de la longueur réglementaire d'un mot.

Si l'on désirait un barème permettant d'arriver à un nombre encore plus considérable de combinaisons, on supprimerait le T et le V du 3ᵉ groupe pour les réserver exclusivement au 4ᵉ. Dans ce cas le barème du 3ᵉ groupe qui, normalement, contient 50 nombres n'en présentera que 40 et son dernier nombre correspondant à SUVUVU sera 97 500 + 2 450 + 49 = 99 999 ; le barème du 4ᵉ groupe sera :

	A	E	I	O	U
T	100.000	300.000	500.000	700.000	900.000
V	200.000	400.000	600.000	800.000	1.000.000

Le nombre le plus fort sera VUSUVUVU ou 1 099 999. En résumé, en procédant ainsi, on désignerait par trois syllabes *cent mille* numéros et par quatre syllabes *un million* de plus.

En se contentant pour les phrases du répertoire dont on fait usage d'un simple numérotage, un barème manuscrit accompagnant le répertoire permettra de se reporter des nombres aux syllabes et ce barème pourra être modifié à l'infini par l'interversion dans chaque groupe de l'ordre relatif des dix consonnes et des cinq voyelles ; il n'est nullement obligatoire de leur faire suivre l'ordre alphabétique ni de les placer dans le même ordre d'un groupe à l'autre ; leur petit nombre, cinq et dix, rend les recherches excessivement faciles, ainsi qu'on peut le voir par le barème interverti à trois groupes ci-contre.

Soit à traduire le nombre 96842, la table indique 95000 = DE, 1800 = VI, 42 = MA, la traduction sera DEVIMA. Réciproquement si le destinataire reçoit le trisyllabe JOSUTA, il le traduira très facilement par 122614, le petit nombre de consonnes et de voyelles rendant les recherches très faciles. Dans le barème les nombres seuls seront invariables, l'ordre des lettres dans chaque groupe pouvant être changé à chaque télégramme s'il plaît aux correspondants, et sans complication possible s'ils ont, naturellement, échangé une convention préalable. Nous pouvons affirmer qu'aucune méthode de répertoire connue ne présente autant d'élasticité dans son emploi ni de sécurité en ce qui concerne le *secret*.

Barème interverti de 125.000 numéros

	K	P	S	V	T	M	R	T	D	J	
I	0	2.500	5.000	7.500	10.000	12.500	15.000	17.500	20.000	22.500	I
A	25.000	27.500	30.000	32.500	35.000	37.500	40.000	42.500	45.000	47.500	A
U	50.000	52.500	55.000	57.500	60.000	62.500	65.000	67.500	70.000	72.500	U
E	75.000	77.500	80.000	82.500	85.000	87.500	90.000	92.500	95.000	97.500	E
O	100.000	102.500	105.000	107.500	110.000	112.500	115.000	117.500	120.000	122.500	O

	F	M	S	D	K	R	V	J	P	T	
U	0	50	100	150	200	250	300	350	400	450	U
O	500	550	600	650	700	750	800	850	900	950	O
A	1.000	1.050	1.100	1.150	1.200	1.250	1.300	1.350	1.400	1.450	A
I	1.500	1.550	1.600	1.650	1.700	1.750	1.800	1.850	1.900	1.950	I
E	2.000	2.050	2.100	2.150	2.200	2.250	2.300	2.350	2.400	2.450	E

	D	S	M	F	T	P	J	V	R	K	
O	0	1	2	3	4	5	6	7	8	9	O
I	10	11	12	13	14	15	16	17	18	19	I
E	20	21	22	23	24	25	26	27	28	29	E
U	30	31	32	33	34	35	36	37	38	39	U
A	40	41	42	43	44	45	46	47	48	49	A

TÉLÉGRAMMES EN LETTRES SECRÈTES. — Nous devons supposer que les Gouvernements, seuls autorisés à envoyer des télégrammes en lettres secrètes sont persuadés, à tort ou à raison, de la bonté de la méthode qu'ils emploient, et qu'il n'y a pas lieu de chercher à augmenter le secret qui leur paraît suffisant. Dans ce cas, en attribuant à chaque lettre du télégramme la valeur numérique représentée par son rang dans l'alphabet et traduisant cette valeur par la syllabe élémentaire correspondante, notre système syllabique pourra être substitué au langage en lettres secrètes. Par exemple R, D, V: 18e, 4e et 22e lettres de l'alphabet pourront se traduire par TE, MA, JI et dans le régime extra-européen les trois lettres qui comptent comme un mot, équivaudront aux trois syllabes. Il faut néanmoins remarquer que si l'alphabet peut être considéré comme composé de 25 lettres au lieu de 26, en supprimant par exemple le K, l'Y ou le W suivant la langue employée, l'alphabet n'exigerait que l'emploi de 25 syllabes sur les 50 élémentaires, dont nous disposons. Donc forcément chaque lettre pouvant être représentée par deux syllabes différentes, la sécurité du secret de la méthode employée pourra en être augmentée.

Toutefois, le changement en syllabes consécutif aux nombreuses opérations qu'exigent en général les méthodes à lettres secrètes paraîtra une superfétation aux Gouvernements qui les emploient, surtout pour transmettre en somme deux fois plus de lettres que le texte primitif n'en contient. Il serait néanmoins juste de faire entrer en ligne de compte l'extrême facilité de transmission exacte des syllabes opposée à l'extrême difficulté des lettres.

Les particuliers qui, de par les règlements, ont été forcés de renoncer à leurs méthodes par lettres verraient avec faveur cette transformation si simple en syllabes admise. Mais il serait aussi très intéressant de savoir s'il ne serait pas possible tout en conservant le secret, de traduire directement en syllabes une phrase de la langue.

Un procédé fort simple consisterait à imiter le principe d'une méthode dite Anglaise exposée dans un de nos ouvrages (¹). Ce principe était, disposant des cent premiers nombres pour représenter les 25 lettres de l'alphabet, d'attribuer à chacun *suivant son degré de fréquence* dans la langue, une quantité plus ou moins grande de nombres pour sa représentation. Dans le cas actuel nous disposons de 50 syllabes pour représenter 25 lettres; comme nous voulons passer du langage clair directement au langage syllabique, ces 25 lettres se présenteront dans leur ordre de fréquence naturel, il faudrait donc en français attribuer (²) 9 syllabes à l'E, 4 à l'A et à l'S, 3 à chacune des lettres I, N, T, R, 2 à O, U, L et une seulement à chacune des quinze dernières lettres. Cette méthode présenterait une sécurité relative si l'on modifiait souvent dans les télégrammes le tableau de représentation des lettres par les syllabes désignées. Mais le même inconvénient de représenter une seule lettre du texte clair par deux lettres de la syllabe subsiste.

Il n'entre pas dans le plan de cet ouvrage de détailler des systèmes cryptographiques; nous pouvons cependant dire que nous avons personnellement combiné une méthode qui permettrait de passer directement du texte clair aux syllabes, sans doubler tout à fait le nombre total de lettres à transmettre; nous croyons d'ailleurs que cette méthode donnerait un secret de premier ordre; nous lui donnerons ultérieurement la publicité qui conviendra.

---

(1) L'art de déchiffrer les dépêches secrètes. — *Encyclopédie scientifique des aide-mémoire.* — Gauthier-Villars et Masson — pages 96 et 97.
(2) Même livre, page 86.

CONCLUSION

L'exposé de la méthode de correspondance télégraphique secrète par l'emploi des syllabes est maintenant complet. Nous avons démontré la possibilité de satisfaire nos desiderata.

Le langage trisyllabique est beaucoup plus simple et plus rapide à transmettre que tout autre.

On peut estimer à 40 % l'économie que les Administrations réaliseraient dans la transmission, si le langage trisyllabique était substitué au langage convenu.

Les correspondants pourraient exiger l'exactitude absolue de leurs télégrammes, exactitude à laquelle ils ont bien droit avec les tarifs élevés qu'ils paient; d'ailleurs, une partie des économies réalisées par les Administrations pourrait être attribuée au public sous forme de réductions de tarifs.

Ce langage, après avoir été facultatif pendant quelque temps, pourrait être déclaré obligatoire par la suite pour les correspondances secrètes, puisque chaque autre langage secret peut être transformé en langage syllabique par une opération toujours simple.

Il serait tenu compte aux correspondants de cette petite opération supplémentaire par les réductions de tarifs.

Dans toute cette étude, nous n'avons parlé que de la langue française, mais tout ce que nous avons dit s'applique aux langues qui se servent de l'alphabet Morse, par conséquent à toutes les langues propres aux communications télégraphiques.

1er novembre 1893.

TABLE DES MATIÈRES

IMPRIMERIE CHAIX, RUE BERGÈRE, 20, PARIS. — 22260-10-93. — (Encre Lorilleux).

IMPRIMERIE CHAIX, RUE BERGÈRE, 20, PARIS. — 22262-10-93. — (Encre Lorilleux).

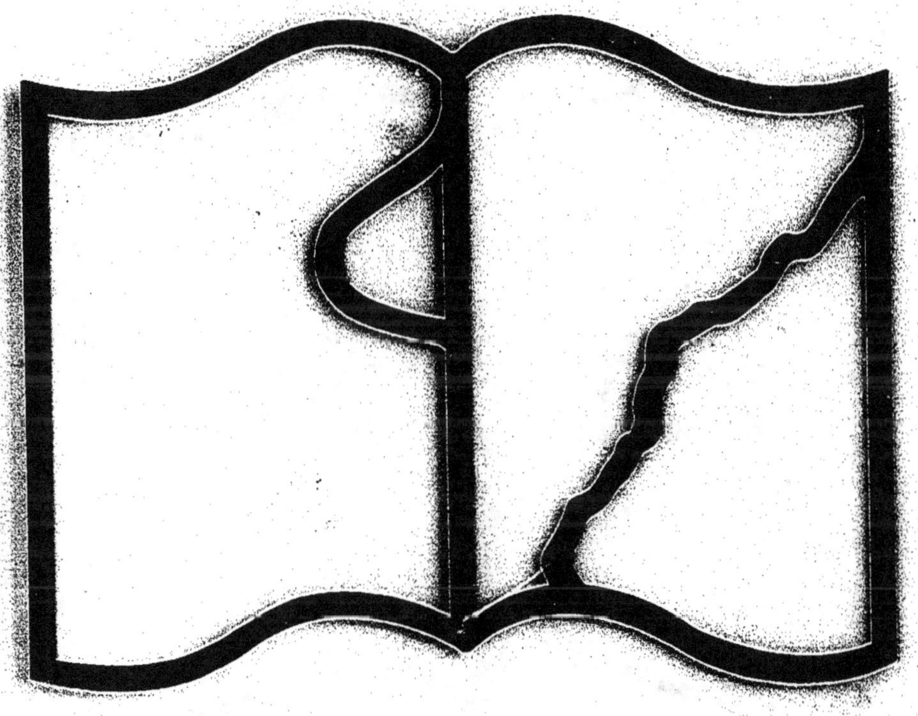

Texte détérioré — reliure défectueuse

NF Z 43-120-11

Contraste insuffisant

NF Z 43-120-14